Christel Manske

Inklusion –
Alle erfolgreich unterrichten

Auch Kinder mit Down-Syndrom
brauchen einen Schulabschluss

D1666041

westermann

Wegen der besseren Lesbarkeit wird im Buch ohne diskriminierende Absicht bei Schülerinnen und Schülern, sowie Lehrerinnen und Lehrern die männliche Form gewählt.

Trotz entsprechender Bemühungen ist es nicht in allen Fällen gelungen, den Rechteinhaber von Textelementen zu ermitteln. Gegen Nachweis der Rechte zahlt der Verlag für die Abdruckerlaubnis die gesetzlich geschuldete Vergütung.

© 2014 Bildungshaus Schulbuchverlage
Westermann Schroedel Diesterweg Schöningh Winklers GmbH, Braunschweig
www.westermann.de

Druck A[1] Jahr 2014

Lektorat: Michael Schmidt & Uschi Pein-Schmidt, Sickte
Herstellung und Satz: PER Medien+Marketing GmbH, Braunschweig
Druck und Bindung: westermann druck GmbH, Braunschweig

ISBN 978-3-14-**162159**-4

Inhalt

Einleitung

Die vereinten Nationen haben ein Gesetzeswerk geschaffen, das alle Menschen gleichstellt:

Übereinkommen über die Rechte von Menschen mit Behinderungen

Präambel
Die Vertragsstaaten dieses Übereinkommens haben folgendes vereinbart:
a) unter Hinweis auf die in der Charta der Vereinten Nationen verkündeten Grundsätze, denen zufolge die Anerkennung der Würde und des Wertes, die allen Mitgliedern der menschlichen Gesellschaft innewohnen, sowie ihrer gleichen und unveräußerlichen Rechte die Grundlage von Freiheit, Gerechtigkeit und Frieden in der Welt bildet,
b) in der Erkenntnis, dass die Vereinten Nationen in der allgemeinen Erklärung der Menschenrechte und in den Internationalen Menschenrechtspakten verkündet haben und übereingekommen sind, dass jeder Mensch ohne Unterschied Anspruch auf alle darin aufgeführten Rechte und Freiheiten hat,
c) bekräftigend, dass alle Menschenrechte und Grundfreiheiten allgemein gültig und unteilbar sind, einander bedingen und miteinander verknüpft sind und dass Menschen mit Behinderungen der volle Genuss dieser Rechte und Freiheiten ohne Diskriminierung garantiert werden muss.

Für dieses Übereinkommen steht der Begriff Inklusion. In diesem Sinne hat die deutsche Regierung sich per Gesetz 2008 zur Verwirklichung der Inklusion verpflichtet.

Worin unterscheiden sich die Modelle Exklusion, Segregation, Integration und Inklusion in Bezug auf Menschen mit Behinderung und ohne Behinderung?

Exklusion: Die Behinderten stehen außerhalb der Gesellschaft.

Segregation: Die Segregation trennt die beiden Gruppen innerhalb der Gesellschaft voneinander. Es entstehen Kindergärten für Kinder mit Behinderung, Schulen für Schüler mit Behinderung und Arbeitsplätze für Erwachsene mit Behinderung.

Integration: Es werden integrative Kindergärten und Schulen eingerichtet, die sich bereit erklären wenige Kinder mit Behinderung aufzunehmen. Die pädagogische Integration für Kinder mit Down-Syndrom konnte nicht verwirklicht werden. Sie erlangen als Integrationskinder keinen Schulabschluss.

Inklusion: Den Kindern mit Down-Syndrom soll die volle Anerkennung im Kindergarten, in der Schule und in der Arbeitswelt zuteilwerden.
Diese vier Modelle werden folgendermaßen symbolisiert:

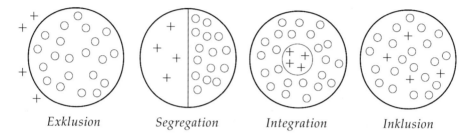

| Exklusion | Segregation | Integration | Inklusion |

Es ist unschwer zu erkennen, dass sich der Grenzverlauf zwischen Behinderten und Nichtbehinderten verändert hat. Der Fortschritt der Inklusion besteht darin, dass die Grenzen aufgehoben sind, wobei die Einteilung in Behinderte und Nichtbehinderte beibehalten wird.

Wie visionär ist im Vergleich dazu der Gedanke, den Vygotskij formuliert hat: „Alle eindeutig psychologischen Besonderheiten des defektiven Kindes sind ihrer Grundlage nach nicht biologischer, sondern sozialer Natur. [...] Möglicherweise ist die Zeit nicht mehr fern, da die Pädagogik es als peinlich empfinden wird, von einem defektiven Kind zu sprechen, weil das ein Hinweis darauf sein könnte, es handele sich um einen unüberwindbaren Mangel seiner Natur. [...] In unseren Händen liegt es, so zu handeln, dass das gehörlose, das blinde, das schwachsinnige Kind nicht defekt ist. Dann wird auch das Wort selbst verschwinden, das wahrhafte Zeichen für unseren eigenen Defekt."[1]

Das herrschende Denken ist dualistisch. Wissenschaftler, die in diesem Sinne denken, sehen nicht wie die Systemtheoretiker, dass sich alle Menschen als biopsychosoziokulturelle Wesen entwickeln. So entstehen Verurteilungen:
• Der Arme ist arm, weil er nicht arbeitet.
  Der Reiche ist reich, weil er fleißig ist.
• Der Kranke ist krank, weil er sich nicht pflegt.
  Der Gesunde ist gesund, weil er gesund lebt.
• Der Dumme ist dumm, weil er sich nicht anstrengt.
  Der Kluge ist klug, weil er sich bemüht.
• Der geistig Behinderte ist behindert, weil er nicht bildbar ist.
  Das Genie ist geistreich, weil es genial ist.

Bertolt Brecht sieht die Einheit der Menschen. Er sieht das Reichtum und Armut sich wechselseitig bedingen. Er beschreibt sie in folgendem Gedicht:

> Reicher Mann und armer Mann
> standen da und sahn sich an.
> Und der Arme sagte bleich:
> Wär ich nicht arm, wärst du nicht reich.
>
> *Bertold Brecht*

In diesem Gedicht wird ausgesagt, dass die widersprüchlichen Pole die Energie zur Veränderung der Gesellschaft freisetzen. Dies gilt auch für die anderen Pole. Das Verschiedene verschiebt sich zu Einheit. Ebenso sind Behinderte und Nichtbehinderte zwei Pole in unserer Gesellschaft. Gäbe es die Menschen mit Behinderung nicht, gäbe es auch die Menschen ohne Behinderung nicht. Ist es möglich, diese zwei Pole als Einheit anzuerkennen?

Dass es möglich ist, bestehende Gegensätze als zwei Pole zu begreifen, die zusammengehören, hat Nelson Mandela mit der Politik der Versöhnung realisiert. Die Politik Nelson Mandelas ist ein historisches Zeugnis dafür, dass nicht nur zwischen einzelnen Menschen, sondern auch bei einem gespaltenen Volk die Einheit möglich ist. Die nationale Versöhnung hob die Trennung zwischen „Niggern" und „Buren" auf. Aus diesen beiden Gegensätzen wurde der Begriff Südafrikaner. Die Trennung der beiden Volksgruppen wird seitdem als aufgehoben vom Gesetz garantiert. Für Nelson Mandela bedeutet dies, dass die farbige Bevölkerung im Sinne der Versöhnung die Verbrechen des Apartheidregimes verzeiht, aber niemals vergisst.

1.1 Warum ist die Politik Nelson Mandelas für Pädagogen inspirierend?

Die Folgen der Apartheidpolitik trennte Menschen nicht nur in Schwarze und Weiße, sondern in Unterdrücker und Unterdrückte, in Mächtige und Ohnmächtige, in Gebildete und Ungebildete, in Zivilisierte und Unzivilisierte usw. Bei einer friedlichen Demonstration erschossen die Polizisten wehrlose Demonstranten, Männer, Frauen und Kinder. Das war im Sinne des Apartheidsystems geltendes Recht. Die Angst der weißen Bevölkerung vor der Mehrheit der farbigen Bevölkerung saß tief. Nelson Mandelas Angebot der Versöhnung schaffte eine friedliche angstfreie Veränderung der gesellschaftlichen Situation:
- „Erziehung ist die wirksamste Waffe, die wir in Händen halten, um die Welt zu verändern."

- „Es steht ganz in unserer Macht, eine Welt zu schaffen, in der alle Kinder Zugang zu einer guten Ausbildung haben."
- „Wir müssen eine bessere Welt schaffen: Eine, in der die Rechte jedes Einzelnen respektiert werden, in der das Streben nach einem guten Leben nicht vergeblich ist und in der jedes Individuum sein Potenzial voll verwirklichen kann."[2]

In unserem Schulsystem spielt die Angst eine wesentliche Rolle. Jan ist fünf Jahre alt. Er hat weizenblondes Haar und strahlende Augen. Seine Sprache ist regelrecht. Inzwischen beherrscht er alle Buchstaben und schreibt mithilfe von Gebärden Sätze. Gestern habe ich mit ihm das Kinderbuch „Das Schaf Rita" erarbeitet. Er hat sich drei Seiten ausgesucht, die ihm besonders gut gefallen haben: RITA STINKT, RITA IM MATSCH, RITA IM HAUS.

Er fertigt zu diesen Seiten mit meiner Hilfe folgende Bilder an:

Er schreibt diese Sätze auf dem Computer und klebt sie auf sein Bild. Als er die Seite RITA STINKT schreibt, lacht er schallend: „Rita ist ein Ferkel." Als die Mutter ihn abholt, freut sie sich über seine Leistung. Sie nimmt ihn in den Arm, sie küsst ihn. Er küsst sie: „Mama." Für mich unerwartet kämpft die Mutter mit ihren Tränen. Sie versucht zu sprechen: „Ich habe solche Angst, wenn ich an die Schule denke. Ich habe Angst, dass unsere Hoffnungen vergebens sind. Ich glaube, dass sie ihm mit Down-Syndrom keine Chance geben werden, obwohl er so viel lernt. Er ist das Liebste, was wir haben. Er sieht aus wie mein Mann. Er ist unser Wunschkind. Es ist alles so schwer." Jan sagt: „Mama." Dann schaut er mich an: „Mama weint."

Morgen hat sich eine Lehrerin angemeldet: „Ich hätte gerne ein Gespräch mit Ihnen. Ich habe Ihr Buch gelesen ‚Begabte Kinder im Unterricht'. Ich kann mir nicht vorstellen, wie ich den Kindern mit Down-Syndrom einen Schulabschluss ermögliche. Ich kann es nicht. Ich weiß nicht, wie es gehen soll. Kann ich bei Ihnen hospitieren?" Aus jeder Frage höre ich ihre Angst vor der für sie nicht zu lösenden Aufgabe.

Unsere Gesellschaft trennt z. B. Kinder mit Trisomie 21 als geistig behinderte Kinder von den Kindern mit Bisomie 21 als geistig unbehinderte, in lebensunwerte und lebenswerte Kinder. Die Apartheidpolitik trennte die Menschen in die rechthabende weiße Oberschicht und die rechtlose farbige Unterschicht.

1.2 Wie könnte eine pädagogische Versöhnung stattfinden?

Wie könnte die Unterscheidung von Menschen mit und ohne Down-Syndrom aufgehoben werden? Um diese Frage zu beantworten, beziehe ich mich auf den Philosophen F. Hegel. Seine wesentliche Botschaft lautet:

> Das Sein ist das Werden.

Im Sinne Hegels ist kein Kind gottgegeben behindert. Es wird behindert. Unsere Aufgabe als pädagogische Wissenschaftler und Praktiker besteht nun darin, das biopsychosoziokulturelle Geschehen zu analysieren, das Kinder in ihrer Entwicklung behindert.

Vygotskij war überzeugt davon, dass das Leiden der taubblinden Kinder nicht schicksalhaft ist. Er gründete die Taubblindenschule in Sagorsk, in der taubblinde Kinder lernten zu kommunizieren. Diese Schule besuchte auch Natalia Korneeva.[3] Sie arbeitete als Psychologin. Sie ist verheiratet und Mutter von zwei Mädchen. Inzwischen ist sie Großmutter. Vor zehn Jahren begegnete ich ihr in Moskau. In englischer Sprache, die sie selbst nicht hörte, fragte sie mich nach den deutschen Philosophen Fichte und Kant. Meine Antworten lormte ihr Mann in ihre Hand. Die biologischen Einschränkungen machten aus ihr keine „Behinderte". Der Begriff Behinderte wurde im Sinne des Hegelschen Denkens aufgehoben. Das Aufheben ist ein zentraler Terminus bei Hegel. Er enthält zwei Momente:
- negare (verneinen)
- conservare (bewahren)

„Aufheben hat in der Sprache den gedoppelten Sinn, dass es so viel als aufbewahren, erhalten bedeutet, und zugleich so viel als aufhören lassen, ein Ende machen."[4]

Hat die Forderung nach Inklusion die Kraft zwischen den Kindern mit Down-Syndrom und den Sozialtechnikern in unserer Gesellschaft die Angst voreinander in diesem Sinne aufzuheben und Versöhnung zu stiften?

Wenn wir davon ausgehen, dass Wandel nur durch Annäherung möglich ist, dann wäre die Verwirklichung der Inklusion ein Anfang:

- Der erste Schritt ermöglicht die Begegnung zwischen Kindern mit Down-Syndrom und anderen Kindern.
- Der zweite Schritt bedeutet, dass die Lernangebote in Kindergarten und Schule sich so verändern, dass den Kindern mit Down-Syndrom je nach Begabung alle Schulabschlüsse ermöglicht werden.
- Der dritte Schritt bedeutet, dass ihnen die Gesellschaft die Ausübung aller Berufe je nach Ausbildung ermöglicht.

Das Aufheben der Unterscheidung von Behinderten und Nichtbehinderten würde eine qualitative Umstrukturierung aller Verhältnisse voraussetzen. Das würde dazu führen, dass die Begriffe „Behinderte" und „Nichtbehinderte" nicht mehr existieren. Es gäbe z. B. nicht mehr die „Downies" im Unterschied zu den anderen Kindern. Es gibt nur noch Jungen und Mädchen. Diese notwendige Umstrukturierung entspringt der Forderung des UNO Übereinkommens nach Inklusion. Sie besagt, dass Behinderung und Nichtbehinderung einander bedingen und nur als Einheit zu begreifen sind. Die dualistische Sichtweise, die die Menschen noch voneinander trennt, wird von der polaren Sichtweise abgelöst.

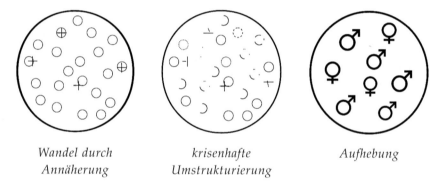

| Wandel durch | krisenhafte | Aufhebung |
| Annäherung | Umstrukturierung | |

1.3 Verändert Anwesenheit unser Denken?

Die Schullaufbahn der Kinder hat wenig mit ihren innewohnenden potenziellen Möglichkeiten zu tun, sondern viel mehr mit dem jeweils herrschenden Bewertungssystem. Die Kinder können sich nicht unabhängig von der Einstellung der sie umgebenden Eltern, Verwandten, Pädagogen, Psychologen verhalten.

> Kinder mit Down-Syndrom sind Opfer der eingeschränkten Sicht der Sozialtechniker, die von ihren ungeahnten Möglichkeiten nichts wissen.

Die herkömmlichen Tests sind ungeeignet die Entwicklung der Kinder zu fördern. Die Testergebnisse versperren vielmehr den Blick für die innere und äußere Dynamik, die dem Geschehen innewohnen. Sie blockieren das Erfassen der Gesamtsituation. Für Lehrer, die auf die gezielte Beobachtung zum Zwecke der Bewertung verzichten, die nur anwesend sind, öffnet sich wie durch ein Zauberwort die verschlossene Tür zur unzugänglichen geheimen Biografie des Kindes. Anwesenheit gibt den Weg frei zur nicht verbalen Kommunikation. Die so gewonnenen Informationen sind nicht eindeutig, sondern vieldeutig, sie sind widersprüchlich, sie sind – wie Heisenberg denkt – unscharf:[5]

• Anwesenheit ist wertfrei, denkt nicht an Vergangenes oder Zukünftiges.
• Anwesenheit verzichtet auf Bewertung, beurteilt nicht und benotet nicht.
• Anwesenheit kennt weder gut noch schlecht.
• Anwesenheit hebt den Dualismus auf.

Die allem Geschehen innewohnende Polarität setzt die psychische und geistige Bewegung in Gang. Professor Dr. med. Palos ist der Überzeugung:

> Eine geplante Handlung ist keine Handlung.

Der Plan im Kopf ist auf das Zukünftige gerichtet. Er vernichtet das Gegenwartsbewusstsein. Anwesenheit schafft Informationen für das, was gegenwärtig zu tun ist. Die unendlichen Handlungsmöglichkeiten offenbaren sich nur dem Handelnden. Sie entziehen sich dem Planenden. Der Handelnde ist offen für alle Informationen, die ihm aus der sich ständig verändernden Situation zuwachsen. Er ist sich bewusst, dass er nie wissen kann, was im nächsten Augenblick geschieht. Er hat bestenfalls eine Ahnung.

1.4 Warum sind die Erkenntnisse der modernen Quantenphysik für Pädagogen sinnvoll?

Der Physiker Hawking schreibt über Heisenbergs Unschärferelation: „Ort und Geschwindigkeit eines Teilchens lassen sich nicht beide mit absoluter Genauigkeit angeben: Je genauer man die eine Größe kennt, desto größer wird die Ungewissheit hinsichtlich der anderen."[6]

Knapp erklärt die Unschärferelation:
„Wir können die Eigenschaften und die Anordnung von subatomaren Teilchen nie vollständig bestimmen. Kennen wir beispielsweise den Ort, an dem sich ein Elektron zu einem bestimmten Zeitpunkt aufhält, wissen wir nicht, wie schnell es sich gerade bewegt. Je genauer wir seine Geschwindigkeit bestimmen, desto weniger wissen wir über seinen Aufenthaltsort. Wenn wir versuchen, eines dieser Teilchen auf einen bestimmten Aufenthaltsort festzulegen, stören wir seine

Bewegung auf eine unkontrollierbare Art und Weise. Um eine klare Information über den Aufenthaltsort zu erhalten, müssen wir deshalb auf eine klare Information über die Bewegung verzichten. Wenn wir beide Informationen gleichzeitig erhalten wollen, müssen wir uns mit unscharfen, das heißt ungenauen Auskünften zufrieden geben."[7]

Wenn wir z. B. wissen, dass der Zug in Hamburg um zwei Uhr in Richtung München abfährt, dann können wir sagen, wann er dort ankommt. Das Elektron ist nicht berechenbar. Wir können nur ahnen, wo sich das Elektron im nächsten Augenblick aufhalten könnte. Doch da diese Ahnung beide Aspekte einer Aussage berücksichtigt, gibt sie uns mehr Auskunft über das Elektron als eine einseitige Bestimmung. So ist das Leben.

„Eine Ahnung gibt uns ein Gefühl für die Richtung, in die wir weiter denken können, und der Begriff der Intuition hat viele Bedeutungen. Wir verstehen darunter meist eine unmittelbare Einsicht, die wir nicht durch rationales Denken gewonnen haben. Als Intuition wird auch die Fähigkeit bezeichnet, zu solchen Einsichten zu gelangen.

Intuitionen sind so etwas wie der Jackpot des Denkens, Fühlens und Handelns. Wir wissen, dass es ihn gibt, aber wir wissen nicht genau, wie wir ihn knacken können." (a. a. O)

Im Gegensatz zur Pädagogik ist die Physik als Wissenschaft anerkannt. Wissenschaftliche Aussagen gelten in unserer Kultur als eindeutig, objektiv und allgemeingültig. Je tiefer die Physiker Mikrokosmos und Makrokosmos erforschen, begegnet ihnen eine mit dem herkömmlichen Denken nicht zu erklärende Welt. Das Erkennen entwickelt sich zum Staunen. Es sind die Physiker, die uns bewusst machen, dass wir bei jeder Aussage, die wir über ein Geschehen machen, etwas über uns aussagen, weil wir immer ein Teil des Geschehens sind.

Wenn ein Lehrer z. B. ein Kind beurteilt, sollte er sich bewusst machen, dass er über seine Beziehung zu dem Kind spricht. Das negative Urteil über ein Kind wird ein negatives Urteil über ihn selbst. Das macht Angst und das tut weh.

Der Bildhauer Giacometti hat sein Leben lang der Frage gewidmet: „Wie bilde ich den Menschen wahrhaft ab?" Er akzeptiert, dass alle diese Versuche zum Scheitern verurteilt sind. Wenn er z. B. den Menschen von vorn anschaut, dann reicht es, ihn wie in der traditionellen afrikanischen Kunst auf einer platten Scheibe abzubilden, und wenn er ihn im Profil abbildet, dann genügt ebenfalls eine platte Scheibe. Die dreidimensionalen Skulpturen der Griechen sind seiner Meinung nach Illusion. Wenn wir das Gesicht von vorn sehen, dann wissen wir nichts davon, wie es von der Seite aussehen könnte. Wir können nur ahnen.

> „Wenn ich Sie von vorne anschaue, vergesse ich Ihr Profil. Wenn ich Ihr Profil anschaue, vergesse ich die Vorderansicht. Alles löst sich aus dem Zusammenhang. Da liegt das eigentliche Problem. Es gelingt mir einfach nicht mehr, das Ganze zu erfassen."[8]

Die Modelle, die er porträtiert hatte, saßen über viele Jahre täglich stundenlang vor ihm. Sie durften sich nicht bewegen, denn eine Bewegung verändert die gesamte Wahrnehmung. Um eine künstlerische Aussage über sie zu machen, musste er lernen, sie überhaupt zu sehen. Ihm wurde bewusst, dass nicht die äußere Form der Augen seiner Modelle irgendetwas über das Wesen der Augen aussagt. Er musste deren Blick mit seinem Blick und mit seinen Händen einfangen, um Zeuge zu werden, was mit dem Ton in dem Augenblick des Modellierens geschieht. Er sagt von seiner Arbeit, dass alle Skulpturen, die er anfertigt, nur Versuche sind. Doch diese Versuche fordern ihn immer wieder heraus, es immer und immer wieder zu versuchen. Das ist die Botschaft.

1.5 Können Politiker, Ärzte, Psychologen und Pädagogen eine neue Lernkultur verwirklichen?

Ich war 27 Jahre alt, als ich als wissenschaftliche Mitarbeiterin an der Universität München von Prof. Schiefele eingestellt wurde. Wir waren eine Gruppe von neun Wissenschaftlern. Wir versuchten, die curriculare Diagnostik aus der Taufe zu heben. Es ging nicht darum, die Kinder zu testen, sondern vielmehr eine Treatmentanalyse abzuliefern, die geeignet ist, eine Aussage darüber zu machen, ob der Unterricht für die Kinder sinnvoll und nützlich war. Es wurde analysiert, was sie im Unterricht gelernt hatten.

Das Scheitern der Kinder wurde zum Ausgang genommen, den Unterricht zu verändern, und nicht die Kinder zu bewerten, wie es z. B. mit den Tests HAWIK, IST, RAVEN usw. üblich ist. In einer Textsituation …
• öffnen sich die Augen, die Ohren und die Herzen der Lehrer nicht.
• lernen sie nicht, die Kinder wesentlich zu sehen.
• wird es den Lehrern geradezu unmöglich gemacht, die Kinder zu sehen.
• können die Lehrer nicht lernen die Kinder zu empfinden, wahrzunehmen und zu denken.
• lernen die Lehrer lediglich zu beobachten, wie die Kinder auf die Tests reagieren.
• lernen die Lehrer nicht, den Unterricht im Sinne der Kinder zu gestalten.

Alle Ergebnisse der herkömmlichen Tests sind Momentaufnahmen, die nichts über die Entwicklungsmöglichkeiten in alle nicht denkbaren Richtungen aussagen.

Die Lehrer sind auf pädagogische Ideen angewiesen, die ihnen helfen, die Entwicklung der Kinder anzuschieben.

Die Lehrer sehnen sich danach, dass ihr Scheitern und das der Kinder in der Schule ein Ende nimmt.

Die Lehrer wissen bewusst oder unbewusst, dass das Scheitern der Kinder immer auch ihr eigenes Scheitern ist. Sie reagieren auf das Schulversagen der Kinder unterschiedlich. Manche werden krank. Einige von ihnen suchen professionelle Hilfe in einer psychiatrischen Praxis.

Die „wissenschaftlich objektiven Erkenntnisse", zum Beispiel
• „Kinder mit Down-Syndrom sind geistig Behinderte",
• „Kinder mit Autismus sind soziale Außenseiter",
• „Kinder mit ADHS sind Verhaltensgestörte",
verstellen den ursprünglichen nicht programmierten Blick der Lehrer, die längst begriffen haben, dass das verordnete Wissen nicht hilfreich ist.

Mit dem „dualistischen Wissenschaftsblick" sehen sie die Kinder wie auf dem Jahrmarkt in einem Zerrspiegel.
• Sie spüren die Illusion, sie fühlen sich getäuscht.
• Sie ahnen, dass sie um ihre Berufung betrogen werden, Anwalt der Kinder zu sein. Sie wissen, dass sie während ihrer Arbeit, weder Polizist sein wollen, noch Jäger, der Fallen aufstellt, in die immer dieselben Schüler hineintapsen.
• Sie wollen auch nicht Richter sein, der urteilt und verurteilt.
• Sie wollen auch nicht Prediger sein, der das Gute vom Schlechten unterscheidet. Es ist ihnen zutiefst zuwider, den verordneten pädagogischen Katechismus in die Tat umsetzen.

Die Lehrer wollen ihre unscharfen Ahnungen für die Kinder kultivieren. In diesem Sinne sind selbstverständlich die Ahnenden den „Wissenden" voraus. Sie sind es, die mit innerer Gewissheit eine Lernkultur erschaffen, in denen die Begriffe wie Schulversagen, Behinderung, Auffälligkeit nicht als Probleme der einzelnen Kinder angesehen werden, sondern im Lichte des Aufhebens umgemünzt werden in ein soziales Geschehen.

Die Kultur der Ahnenden ist die Kultur des Möglichen.

> Selbst die schwächste Ahnung des Möglichen setzt mehr Fantasien, mehr schöpferische Kraft und Energie bei Lehrern und Schülern frei als die ganze Palette von wissenschaftlichen Glaubenssätzen.

Vygotskij hat nach meinem Verständnis die Unschärfe der Ahnung für das potenziell Mögliche im Vergleich zum aktuell Bestehenden als die Zone der nächsten Entwicklung beschrieben. Die Zone der nächsten Entwicklung ist meines Erachtens nie und nimmer der kleine logische nächste Lernschritt, der sich aus der aktuellen Lernsituation ableiten lässt, sie ist nicht ein quantitativ bestimmbarer Schritt, der der Zone der aktuellen Entwicklung folgt. Die Zone der nächsten Entwicklung ist ein Quantensprung, wird zum Bifurkationspunkt, von dem aus sich das gesamte Geschehen neu gestaltet.

Konstantin und Kornelius Keulen sind Zwillinge. Sie benutzen die laute Sprache nicht. Sie wurden als geistig behindert eingeschätzt. Ihre private Lehrerin unterrichtete sie ganz selbstverständlich mithilfe der gestützten Kommunikation, sodass beide das Abitur mit sehr guten Noten bestanden haben.[9]

Die Laienahnung, die sich in der Volkssprache in dem Satz „hilf mir auf die Sprünge" niederschlägt, ist die zu Unrecht verworfene Schatzkiste pädagogischer Erkenntnis. Wir sind einerseits der Meinung, dass Entwicklung ein sprunghaftes und andererseits ein polares Geschehen ist. Die Polarität ist die jedem Geschehen unsichtbar zugrunde liegende Kraft.

Wenn wir den positiven und den negativen Pol isoliert anstarren, werden wir den Strom, der Kälte und Wärme, Bewegung und Stillstand, Licht und Dunkelheit erzeugt, nicht wahrnehmen. Der negative Pol ist so wenig gut oder schlecht, wie der positive Pol gut oder schlecht ist. Beide verursachen Energie, die Grundlage für das Leben ist. Selbst der Teufel „ist ein Teil von jener Kraft, die stets das Böse will und stets das Gute schafft."[10]

Wenn wir unseren Blick auf das Geschehen lenken, erkennen wir, dass der gute Schüler so wenig guter Schüler ist, wie der schlechte Schüler schlecht ist. Entgegen allen Erfahrungen und wider besseres Wissen leben wir im Dualismus. Wir dividieren auseinander, was nur als Einheit verstanden werden kann.

Der Psychiater Basaglia wusste, dass er, wenn er die Situation der psychisch Erkrankten verstehen will, das Krankenwesen begreifen muss. „Es ist hohe Zeit, nicht nur von den großen Kriegen zu sprechen, sondern auch von dem kleinen Krieg, der den Alltag verwüstet und der keinen Waffenstillstand kennt: Von dem Krieg im Frieden, seinen Waffen, seinen Folterinstrumenten und Verbrechen, der uns langsam dazu bringt, Gewalt und Grausamkeit als Normalzustand zu akzeptieren. Krankenhäuser, Gefängnisse, Irrenhäuser, Fabriken und Schulen sind die bevorzugten Orte, an denen dieser Krieg geführt wird, wo seine lautlosen Massaker, seine Strategien sich fortpflanzen im Namen der Ordnung."[11]

> Zu jedem Patienten gehört ein Arzt, zu jedem Schüler gehört ein Lehrer.

Nur wenn es uns gelingt zu erkennen, dass alles mit allem und jedes mit jedem verbunden ist, dann können wir uns Zugang zu der Energie verschaffen, die alles miteinander verbindet. Aus der Sicht der Quantenphysiker besteht diese Energie aus Biophotonen, die als Träger von Informationen miteinander kommunizieren. Aus quantentheoretischer Sicht ist das Kinderlied „Von den blauen Bergen kommen wir. Unser Lehrer ist genauso blöd wie wir.", das ich lauthals auf dem Schulweg gesungen habe einwandfrei, weil es Lehrer und Schüler als Einheit begreift.

Mein kindlicher Instinkt ließ mich mit Vergnügen in die geistigen Höhen unseres lebendigen Daseins aufsteigen und bot mir Schutz und Sicherheit, nicht Wissen, sondern Gewissheit. Mein Instinkt bot mir Ahnung an. Es sind die Kinder, die nach Meinung der Indianer noch einen Fuß im Himmel haben. Sie sind noch in der Nähe des Ursprungs, der Schöpfung von einer Ewigkeit zur nächsten Ewigkeit. Ich ahnte als Kind, dass die Schule nicht mein Ort war, wo ich mich entwickeln und lernen konnte. Dieses Wissen habe ich mir bis heute bewahrt.

Weder als Schülerin noch als Lehrerin wurde von mir erwartet, in der Schule ein Bewusstsein von mir selbst zu erlangen.

> Schülerinnen und Schüler, Lehrerinnen und Lehrer müssen jeden Tag aufs Neue ihr Bewusstsein von sich selbst verteidigen. Es entspricht nicht ihrem Bewusstsein, von sich selbst die Kinder einzuteilen.
> Es ist aber unmöglich, Lehrer an einer Schule zu sein und nicht einzuteilen.

Wenn die Erstklässler mit ihren bunten Schultüten von ihren Eltern begleitet in den Fotoapparat lachen, weiß jeder Lehrer, dass es seine Aufgabe ist, sie schnell zum Schulkind umzuprogrammieren. Das bedeutet, dass sie schnell lernen müssen, dass das Maß in einer jeden Klasse die Normalverteilung ist.

> In unseren Schulen muss es noch heute gute und schlechte Schüler geben.

Kinder mit Down-Syndrom sind aus Sicht der Schulbürokratie vor aller Erfahrung schlechte Schüler, die in einer Regelschule als Integrationskinder keinen Schulabschluss machen können. Weil die Eltern für diese Kinder keine gesellschaftliche Perspektive sehen, stimmen viele noch im neunten Monat der Abtreibung zu. Das ist inzwischen so selbstverständlich und banal, dass jede Aufregung darüber künstlich erscheint.

Auf einem Elternseminar sprachen die Mütter der Kinder mit Down-Syndrom über ihre Erfahrungen während ihrer Schwangerschaft. Alle Mütter hatten sich für ihr Kind entschieden. Für alle war es nicht einfach, den Ehemann, die Eltern und vor allen Dingen die Ärzte von ihrem Entschluss zu überzeugen. Eine Mutter hatte es während der Schwangerschaft und den ersten sieben Lebensjahren ihres Kindes besonders schwer. Für ihren Ehemann stand fest, dass ein behindertes Kind eine zu große Belastung für die Familie ist. Für ihn gab es in diesem Fall keine andere Lösung, als die Schwangerschaft zu unterbrechen. Als die Mutter erfuhr, dass sie ein Kind mit Down-Syndrom erwarten würde, war sie fest entschlossen, das Kind zur Welt zu bringen. Als der Junge geboren wurde, war der Vater so glücklich, dass sie nicht in der Lage war, ihn zu enttäuschen und sie verschwieg ihm, dass es ein Kind mit Down-Syndrom war. Jeder Geburtstag war ein Fest. In seiner Freizeit nutzte der Vater jede Minute um mit seinem Sohn Fußball zu spielen, die Eisenbahn aufzubauen oder ihm Bücher vorzulesen. Erst als der Junge eingeschult wurde, erfuhr er von seiner Frau, dass sein Sohn Down-Syndrom hat. Der Vater war seiner Frau gegenüber so dankbar, dass er nur sagte: „Wir haben ein wunderbares Kind." Die Geschichte klingt unwahrscheinlich, aber sie ist wahr.

Ich sah in einem Dokumentarfilm Zwillingsmädchen, die sich einen Körper teilen. Sie saßen auf einem Fahrrad, jedes steuerte mit einer Hand den Lenker und jedes trat mit einem Fuß in die Pedale. Die blonden Haare wehten im Wind. Sie lachten und unterhielten sich. Die Mutter winkte ihnen zu. Nachdem eine andere Mutter diese Familie kennen gelernt hatte, sagte sie sinngemäß: „Ich habe meinen Kindern dieses furchtbare Schicksal ersparen wollen. Ich hätte sie geliebt. Ich hätte sie gewollt. Sie wären nicht allein gewesen. Es gibt keine Worte für meinen Schmerz." Wenn wir den Schmerz nicht mehr fühlen, dann erübrigt sich auch die Sprache. Dann gibt es nichts, was zu sagen wäre.

In meine Praxis kommen Geschwister. Das Mädchen (8 Jahre) hat Down-Syndrom. Der sechsjährige Bruder ist hochbegabt. Ist es möglich, beide jenseits von begabt und unbegabt zu sehen? Meine Erfahrungen:

Annabell sagt: „Ich bin Bibi Blocksberg. Ich kann alles. Ich reite als Bibi Blocksberg über alle Hindernisse. Ich komm überall rüber." Sie legt sich kleine Kisten auf den Boden. Dann springt sie. „Sehen Sie ich komm überall rüber." Sie spielt in diesem Augenblick nicht Bibi Blocksberg. Sie ist Bibi Blocksberg. Ihr Bruder bemerkt das. Es ist ihm unmöglich, Annabells Spiel wie gewohnt mitleidig zu verfolgen. Vielleicht ahnt er, dass seine Schwester mit Down-Syndrom über irgendetwas verfügt, was er nicht hat? Er springt auf Annabell zu, drückt sie auf den Boden und hält sie so fest, dass Annabell sich nicht bewegen kann: „Du bist nicht Bibi Blocksberg. Du bist gar nichts. Du kannst nichts und das weißt du auch." Annabell weint nicht, sondern harrt in dieser hilflosen Position aus. Die Mutter kommt gerade in diesem Augenblick hinzu. Annabell reißt sich los. Die Mutter nimmt sie in den Arm: „So etwas ist zwischen Kindern normal." Natürlich ist dies nicht wie ein Streit zwischen Kindern um einen Gegenstand. Es ist der Ausdruck einer gesellschaftlichen Realität, die zwischen unwerten und werten Kindern unterscheidet.

„Du bist klug." „Du bist dumm." „Du bist hübsch." „Du bist behindert." „Du bist gewollt." „Du bist es nicht." Es ist der Dualismus, der das eine Kind zum Feind des anderen macht. Das eine Kind ist ein Trost, das andere ist der Schmerz. Die Kinder begreifen das. Diese Botschaft ist in unserer Kultur Banalität.

Selbst die wenigen Eltern, die sich weder für die Früherkennung und erst recht nicht für die Abtreibung entscheiden konnten, können sich nicht von ihrem tiefsten Wissen leiten lassen, dass die ganze Schöpfung eine Einheit darstellt, dass alles mit allem verbunden ist und dass die Polarität die Basis für unser Leben ist. Jede Erscheinung ist wie gesagt nur die eine Seite der Medaille. Beide Seiten brauchen einander und gehören zusammen. Der Dualismus trennt. Er macht den Mann zum Feind der Frau, den Farbigen zum Feind des Weißen, den Starken zum Feind des Schwachen.

Die Mutter wie auch beide Kinder spiegeln das herrschende Denken der Kultur wider, in der sie leben. Es ist die Kultur, die diese Kinder und die Mutter zu dem macht, was sie sind. Annabell lernt jeden Tag, dass sie doof ist und das sagt sie auch: „Ich bin doof." Sie sagt: „Ich bin nie allein. Nissi (ein geträumter Hund) beschützt mich." Das ist ein Symbol, das sich aus der Tiefe ihres Bewusstseins als verborgenes Wissen an die Oberfläche drängt. Dieses Wissen, dass es einen Schutz für sie gibt, steht denjenigen zur Verfügung, die sich keine Illusionen machen können.

1.6 Habe ich Erfahrungen gemacht, die die Begriffe begabt und unbegabt aufheben?

Jana und Lisa sind Schwestern. Jana ist neun Jahre alt. Sie hat Down-Syndrom. Lisa ist sieben Jahre alt. Sie ist eine gute Schülerin. Sie spielen Zirkus. Lisa zeigt die Nummer „Die Prinzessin mit den tanzenden Pferden." Sie baut die Pferde im Kreis auf. Sie summt eine Melodie und dreht die Pferde zum Tanz. Auf einem Pferd sitzt die Pferdeprinzessin. Wir klatschen.

Nun zeigt Jana ihre Zirkusnummer. Völlig unerwartet nimmt sie eine Schildkröte und setzt diese auf das Zirkusdach. Lisa und ich klatschen nicht, wir verstehen nichts. Jana erklärt leise: „Meine Schildkröte kann fliegen."

Das Wesen einer Schildkröte ist, dass sie sich langsam bewegt und dass sie sich einen Panzer zulegt, der sie schützt. Sie sucht den Schutz in sich selbst. Es gibt keine schützende Umwelt für sie. Eine Schildkröte ist in unserem kulturellen Zirkus eine Ausnahme.

Einen Augenblick Anwesenheit ermöglicht mir eine adäquate Reaktion: „Liebes Publikum. Einmalig und erstmalig sehen sie im Zirkus JALI die fliegende Schildkröte. Das Unmögliche ist möglich. Und nun werden Sie Zeuge von einer einmaligen Attraktion. Ich bitte um Ruhe."

Jana nimmt die Schildkröte und ahmt den Flug der Schildkröte auf das Zirkusdach nach. Wir klatschen. Dann sagt Lisa: „Ich möchte auch eine fliegende Schildkröte sein." Wir suchen eine zweite Schildkröte. Wir ändern die Zirkusnummer. „Liebes Publikum. Sie sehen nun einmalig und erstmalig. Sensation, Sensation. Zwei fliegende Schildkröten. Die fliegenden Schildkröten der Prinzessinnen Nora und Cora."

Jana hat die Aufgabe, ein Diktat zu üben. In dem Diktat geht es um einen Jungen, der von einem roten Boot mit weißen Segeln träumt. Entsprechend unserer Didaktik jeden Text dadurch zum Verständnis zu bringen, dass er vorher symbolisiert wird, veranlasse ich die Kinder eine Kollage zu gestalten. Lisa tuscht das blaue Meer. Sie schneidet ein rotes Boot und weiße Segel aus und klebt das rote Segelboot auf das Meer.

Lisa, 7 Jahre

Jana schneidet von dem gelben Buntpapier eine Ecke ab und klebt das Boot in das aufgewühlte Wasser. „Das ist ein Piratenboot."

Nun biete ich den Kindern an, Wicki-Sticker in das Boot zu setzen. Für Lisa ist es selbstverständlich, dass der Seefahrer Wicki ins Boot steigt. Wohin denn sonst? Jana klebt das Meerungeheuer ins Wasser. Dann klebt sie Wicki dazu: „Wicki kann nicht im Boot sein. Wicki kämpft mit dem Meerungeheuer." Ich sage: „Wicki ist stark. Wicki kann schwimmen. Dahinten ist eine Insel." Jana: „Ich glaub, sie kann sich retten."

Jana, 9 Jahre

Das Rettungsangebot integrative Schule bedeutet für Jana täglich Verletzung: Als Jana im Unterricht das Diktat „Das rote Segelboot" schreiben sollte, hat sie mit Kunststoffbuchstaben geworfen. Wir hatten es mit Kunststoffbuchstaben geübt. Jana wollte unbedingt zeigen, dass sie das ganze Diktat Buchstabe für Buchstabe legen kann. Die Lehrerin traut ihr das nicht zu und sagt zu ihr: „Jana, du darfst das Diktat abschreiben."

Angesichts der Tatsache, dass die meisten Integrationskinder mit Down-Syndrom im zweiten Schuljahr nicht einmal diese Möglichkeit bekommen, ist das Angebot der Lehrerin gut gemeint. Jana sagt zu mir: „Ich bin doof und frech."

Die Integration von Kindern mit Down-Syndrom ist in Hamburg gescheitert. Über zwanzig Jahre Integration haben nicht dazu geführt, dass ein Kind mit Down-Syndrom einen Schulabschluss erworben hat.

1.7 Löst das polare Denken innere und äußere Konflikte der Lehrer und der Schüler?

Das polare Denken ist ein Geschehen. Lehrer und Schüler lassen sich vollkommen auf die polare Wirklichkeit ein. Auf diese Weise werden sie alle ein Teil des polaren Geschehens. Eine solche Atmosphäre hat Konsequenzen für die Bewältigung innerer und äußerer Konflikte von Lehrern und Schülern. Je kultivierter das Bewusstsein der Lehrer und der Schüler in dieser Hinsicht ist, je größer ist dann die wechselseitige Offenheit jedes Einzelnen für jeden Anderen.

Im herkömmlichen Unterricht herrscht das dualistische Denken:
• Der mächtige Lehrer auf der einen Seite.
• Das ohnmächtige Kind auf der anderen Seite.
• Der gute Schüler auf der einen Seite.
• Der schlechte Schüler auf der anderen Seite.
• Der Täter auf der einen Seite.
• Das Opfer auf der anderen Seite.

Dieses Denken führt immer zur Verurteilung oder zum Freispruch der einen oder der anderen Seite. Weder Verurteilung noch Freispruch führen zu einer höheren Qualität des Geschehens.

Eine neue Qualität des Geschehens ist nur möglich, wenn die Einheit beider Pole zur Erscheinung kommt. Dies zeigen folgende Beispiele:

1.7.1 Der Schulschwänzer ist kein Schulschwänzer

Was soll ein Lehrer tun, wenn ein Kind nie pünktlich zur Schule kommt, er seine ganzen Überredungskünste und Verstärkungspläne eingesetzt hat? Ich hatte die erste Stunde so gestaltet, wie es Gert am liebsten hatte. Ich hatte am Tage vorher mit ihm darüber gesprochen, was er sich für den nächsten Tag wünsche, und wie wir den Unterricht beginnen sollten.

Andere Kinder kamen früher als sie sollten, um ja nichts zu verpassen. Er, für den ich alles machte, kam nicht. Einmal erzählten mir die Kinder, dass sie ihn schon gesehen hätten. Ich ging nach draußen, um ihn zu suchen. Ich entdeckte ihn unter einem Busch. Er hatte sich am Rand des Schulhofes versteckt. Er stocherte mit einem Stock im Sand herum. Das struppige Haar verdeckte sein Gesicht. Ich sah seine staubigen Schuhe, seine schmutzigen Hände, seine aufgeschlagenen Knie. Ich sprach ihn an: „Du bist hier? Ein Glück, dass nichts passiert ist. Hier fahren doch viele Autos. Die Kinder haben sich schon Sorgen gemacht, aber es ist ja nichts geschehen, und du sitzt hier." Ich nahm ihn auf den Arm und trug ihn bis zur Klassentür. Er hielt ganz still. Ich fühlte seine kleine Hand an meinem Hals. Am nächsten Tag kam er in die Klasse gestürzt: „Braucht ihr euch ja keine Sorgen zu machen, wenn ich zu spät komm, braucht ihr ja keine Angst zu haben ..." Gert kam kein einziges Mal mehr zu spät. Diese Form der Zuwendung war für Gert wichtig und änderte sein Verhalten.[12]

1.7.2 Der Dieb ist kein Dieb

Als einmal ein Anspitzer und ein Bleistift während des Unterrichts abhandengekommen war, forderte ich die Kinder auf, die Sachen zu suchen. Alle Kinder suchten. Sie krochen auf dem Boden herum, schauten in Taschen, Schubladen, Schränke usw. Plötzlich entdeckte ich, dass Gert die Dinge im hinteren Täschchen seiner Nietenhose versteckt hatte.

Ich brach die Suchaktion ab und sagte, dass ich wüsste, wo die Sachen wären. Gert fasste schnell mit der Hand auf das Täschchen. „Nein, nein ... das stimmt nicht ... das weiß keiner, wo die Sachen sind!" „Doch," sagte ich, „und du weißt es auch." Gert legte die Sachen in meine Hand und schlich zum Platz. Er besaß nichts. Er war im Heim untergebracht, weil seine Mutter ihn nicht versorgen konnte. Seine abgetragene Kleidung war entweder viel zu groß oder zu klein, nie sauber, selten heil. Er trug Skistiefel an heißen Tagen. Ich sah sein blasses Gesicht, tiefliegende Augen, zitternde Lippen. Seine Federtasche war immer leer. Zwischen den Heften klebte manchmal ein Margarinebrot, das er sich für die Schule geschmiert, aber nicht eingewickelt hatte. Ich wusste, dass er ständig um Sachen betteln musste, ihm aber selten jemand etwas gab.

Ich zeigte den Kindern Gerts leere Federtasche. „Gert hat nichts", sagten die Kinder leise. Zögernd reichten ihm einige, was er brauchte. Gert nahm die Sachen, steckte sie sorgfältig in die Federtasche. Sein Gesicht glühte. „Wenn ihr mir was gebt, dass ich auch was haben tu", sagte er.

Am nächsten Tag steckte ich Gert ein Päckchen Buntstifte zu: „Hier, die fehlen noch!" Gert lief damit auf den Hof. „Kommt alle gucken, was ich haben tu, hat sie mitgebracht, aus der Stadt, für mich allein, bunte ... !" (a. a. O.)

1.7.3 Der Faulpelz ist kein Faulpelz

Da ich schon als Kind von Hausaufgaben nichts hielt, konnte ich als Lehrerin mich auch nie so recht dazu bekennen. Ich schloss folgenden Kompromiss: Die von mir aufgegebenen Hausaufgaben brauchten nicht gemacht zu werden, sofern sich ein Kind zu einer anderen Arbeit, die es selbst bestimmte, entschloss. Jedes Kind sollte sich auf den nächsten Schultag vorbereiten. Die große Arbeitswilligkeit ermöglichte mir, die Hausaufgaben zunehmend völlig freiwillig zu handhaben. Sie taten oft mehr, als sie sollten.

Werner war das einzige Kind, das nie etwas vorzuzeigen hatte. Werner, sieben Jahre alt, erstes Schuljahr, war ein kleiner blasser Junge, der nie sprach und sehr leicht weinte. Ich fragte ihn: „Werner, was machst du eigentlich, du zeigst nie etwas vor?" Die zweite Bemerkung hätte ich mir sparen können. Sie stürzte Werner in große Verzweiflung. Er weinte, rieb sich die Augen. Ich konnte ihn erst dadurch beruhigen, dass ich ihn auf den Schoß nahm. „Werner, erzähl doch mal, was du machst, wenn du nachmittags zu Hause bist." Werner schluchzte: „Zuerst setze ich die Kartoffeln auf, dann setze ich die Milch auf für das Baby. Dann gebe ich dem Baby die Milch. Dann mache ich die Soße. Dann essen Babette (seine kleine Schwester) und ich. Dann wasche ich ab, und dann räume ich auf, und dann gehe ich nach draußen, manchmal auch nicht."

„Werner arbeitet von allen am meisten", sagte ich. Er strahlte, als die anderen Kinder fragten: „Werner, wie schaffst du das nur?" Da ich wusste, dass er zu Hause so viel zu tun hatte, und dass seine Mutter Geld verdienen musste, weil der Vater auch sehr wenig verdiente, beachtete ich ihn stärker als bisher und achtete darauf, dass er den Anschluss nicht verpasste.

Ein Jahr später, als ich nicht mehr in der Klasse unterrichtete, erfuhr ich, dass er sitzenbleiben sollte. Er sprach nicht mehr. Seine Mutter erzählte, dass sie schon bei einem Therapeuten gewesen war, der als Grund für sein Verhalten Lehrerwechsel genannt hatte. Ihr tüchtiges Kind sollte auf die Sonderschule. Die Konfliktsituation, in der Werner sich befand, hatte ich behandelt wie einen persönlichen Konflikt: zwischen mir und ihm. Jedoch hatte ich die Ursache für sein Scheitern in der Schule nicht beheben können, sondern dieses nur um zwei Jahre hinausgezögert. (a. a. O.)

1.7.4 Der Verhaltensgestörte ist nicht verhaltensgestört

Piet gilt als verhaltensgestört. Er besucht die fünfte Klasse des Gymnsiums. Josefine besucht die vierte Klasse als Integrationskind. Josefine hat das Down-Syndrom. Sie macht ihre Mathehausaufgaben. Sie addiert im Zahlenraum von zehn. Piet schaut ihr zu. Er fragt: „In welcher Klasse bist du denn?" Josefine strahlt ihn an: „Ich bin in der vierten Klasse." Piet bewertet nicht: „Weißt du Josefine, jetzt rechnest du diese Aufgaben. Wenn du erst mal so alt bist wie ich, dann rechnest du meine Aufgaben."

Lao-Tse sagt: „Wenn wir unserer Ursprung verloren haben, benötigen wir Mitgefühl, wenn wir unser Mitgefühl verloren haben, benötigen wir Gesetze." Als Pädagogen sollten wir die Reise rückwärts antreten. Wir sollten unser Mitgefühl entdecken, um zu unserem Ursprung zu gelangen, um uns von allen Vorurteilen zu befreien um polar zu denken:
- Wir müssen lernen, in jeder Situation das Nichtgesagte zu hören.
- Wir müssen lernen, das Verschwiegene zur Sprache zu bringen.
- Wir müssen lernen, das Unsichtbare sichtbar werden zu lassen.
- Wir müssen lernen, hinter dem geschriebenen Text den nichtgeschriebenen Text zu lesen.

Wenn wir polar denken, verwirklicht sich für uns die Einheit in allem Geschehen.

1.7.5 Ungerecht ist nicht ungerecht

In Französisch stand ich in der Unterprima auf einer schwachen fünf. Es war Elternsprechtag. Meine Mutter suchte das Gespräch mit der Lehrerin. Danach war alles anders. Schon am nächsten Tag durfte ich vorlesen. Das war das einzige, was ich wirklich konnte. „Très, très bien", sagte sie. Die Klassenarbeiten waren vorher Nacherzählungen gewesen. Ich verstand sie nicht und konnte daher auch nichts nacherzählen. Heute sagt sie: „Dicté". Zu mir sagt sie: „Sie setzen sich neben Anke." Anke war eine gute Schülerin. Die Versuchung abzuschreiben ist groß. Ein schneller Blick auf Ankes Heft, ein schneller Blick zur Lehrerin. Sie hat mich erwischt. Sie blinzelt. Sie blinzelt noch einmal. Dieses Blinzeln war wie der Wegweiser ins Leben. Es ist das Leben. Ich schrieb von Anke ab. Ich schrieb meine erste vier. Die nächste Arbeit war wieder ein Diktat. Ich saß wieder neben Anke. Ich schrieb wieder eine vier.

Dann bekam ich den blauen Brief: „Die Versetzung ist ausgeschlossen. Französisch fünf, Mathematik fünf." Ich ging am nächsten Tag zu ihr: „Ich hatte gehofft, dass ich doch noch eine kleine Chance habe." Sie sagte: „Warten Sie ab." Ich hatte alles versucht, um in Mathematik ein ausreichend zu bekommen. Doch mein Klassenlehrer hatte längst beschlossen, dass ein Abitur für mich nicht in Frage kommen sollte. Ich hatte ihn in Physik. Da stand ich auf vier, in Philosophie stand ich auf drei, in Gegenwartskunde stand ich auf vier. Er hatte also die Möglichkeit, mir ohne weiteres eine zweite fünf zu verpassen.

Dies ist der Verlauf der Versetzungskonferenz: Der Klassenlehrer trägt den Fall Christel Manske vor: „Mathematik fünf. Französisch fünf. Nicht versetzt." meine Lehrerin lässt sich erst am Ende der Konferenz mein ganzes Zeugnis vorlesen. Dann sagt sie: „Sie hat nur eine fünf." Der Klassenlehrer berichtigt sie: „Sie hat auch noch eine fünf in Mathematik." Sie fragt: „Ist das die einzige fünf?" Er antwortet: „Und die in Französisch, wie Sie wissen." Dann sagt sie: „Es gibt so etwas wie ausgleichende Gerechtigkeit. In Mathematik hatte sie keine Chance. Wie Sie wissen. In Französisch allerdings hat sie eine bekommen. Sie hat sie genutzt." Ergebnis der Zeugniskonferenz: „Christel Manske wird versetzt."

Ich war 36 Jahre, als wir das erste Klassentreffen hatten. Mein Klassenlehrer fragte mich: „Und was ist nun aus Ihnen geworden?" „Ich arbeite zurzeit an der Universität." Ich war promoviert. Ich hatte fünf Bücher veröffentlicht: „Interesse Handeln Erkennen in der Schule", „Die Kraft geht von den Kindern aus", „Schlechte Schüler gibt es nicht" waren Bestseller. Ich vertrat eine C3 Professur.

Natürlich lese ich M. Proust „À la recherche du temps perdue" nicht wie Anke. Als ich in Tunesien war, war ich erstaunt, ein wenig glücklich und unendlich dankbar, dass ich immerhin die Tageszeitung einigermaßen lesen konnte. Ich habe von meiner Französischlehrerin etwas viel Wichtigeres gelernt: Ich habe das „Blinzeln" gelernt. Einige Studenten und Studentinnen haben es wiederum von mir gelernt. „Blinzeln" macht unsterblich. – So hat jeder Augenblick seine Ewigkeit.

1.7.6 Thema verfehlt ist nicht Thema verfehlt

Das kleine Eigenheim war nun endlich fertig. Opa hatte es in Selbsthilfe gebaut. Meine Mutter hatte Spatenstich für Spatenstich die beiden Kellerräume ausgehoben. Sonntags konnte ihr Opa helfen, dann hatte er frei. Vom Lastenausgleich kaufte meine Mutter die erste Couch, zwei Sessel, einen Schrank, vier Stühle, einen Tisch und für zwanzig Mark ein echt gemaltes Bild einer Heidelandschaft. Das hing über der Couch. Ich ging aufs Gymnasium. Opa sagte zu Oma: „Sie soll nicht dahin gehen. Ich sehe es ihr doch an. Sie wird noch krank." Unsere Zeichenlehrerin hieß Frau Jöhnk. Sie hatte weiße Haare. Obwohl ich eine schlechte Schülerin war, sagte sie: „Von dir bin ich überzeugt. Du hörst nicht auf das, was ich sage. Du hörst dein Werk."

Eines Tages sollten wir das Bild „Die roten Pferde" von Franz Marc beschreiben. Diese Geschichte habe ich zum ersten Mal in dem Buch „Die Kraft geht von den Kindern aus", veröffentlicht. „In der Untertertia sollten wir ein Bild beschreiben: „Die roten Pferde" von Marc. Ich schrieb: „Die ‚Roten Pferde' von Franz Marc würde ich mir nicht ins Zimmer hängen. Es gibt in der Natur keine roten Pferde. Ich würde mir lieber eine Heidelandschaft hinhängen." Als wir die Arbeit zurückbekamen, erschrak ich, als ich hörte, was meine Klassenkameradinnen geschrieben hatten, z. B wie sich das Blau mit dem Gelb die Waage hält und wie das Feurige der Pferde durch das Rot zum Leuchten kommt. Die Lehrerin hatte die Aufsätze zensiert. Unter meinen hatte sie geschrieben: „Muss es ausgerechnet Heide sein?" Ich ging zu ihr und erklärte: „Zu Hause haben wir ein Heide-Bild im Zimmer hängen. Ich mag es leiden. Meine Mutter und meine Schwester haben es von einem Maler für zwanzig Mark gekauft. Als wir noch auf dem Dorf gewohnt haben, da sah es so ähnlich aus wie auf dem Bild."

„Du meinst, dass die Heide auf dem Bild so dargestellt ist, wie du sie erlebt hast?" „Ja, genau so." „Franz Marc hat die Pferde so gemalt, wie er sie gesehen hat: feurig." „Sie meinen, die Maler malen die Bilder immer so, wie sie die Dinge sehen? Mein Maler sieht die Heide-Landschaft so, wie ich sie sehe. So wie Marc die Pferde sieht, sehe ich die Pferde nicht." Sie zeigte mir dann ein Bild von Paul Klee: „Das Wachstum". „Ihn interessiert das Wachstum der Pflanzen. ‚Kunst macht Unsichtbares sichtbar', sagt er."

„Ich habe als einzige keine Note!" „Nein – keine Note. Weißt du, wenn du deine Bilder malst, deine Aufsätze schreibst, dann spüre ich, dass du dich nicht fragst, ob mir deine Arbeiten gefallen – dann schau ich dir still zu, einmischen darf ich mich nicht, frag mich nicht." Sie drückte mir die Hand. „Wir zwei sind verschieden. Du gehst deinen Weg – und das sollst du." (a.a.O.)

Ich habe keine Vorstellung, wie eine Lehrerin gerechter sein könnte. Das ist Pädagogik von einem anderen Stern. Das ist wie ein Licht, das aus der Zukunft zu uns nieder strahlt. Bevor ich bei ihr Kunstunterricht bekam, hatte ich keinen Zugang zu den bildenden Künsten. Sie teilte den Sinn unseres einzigen Bildes mit mir. Sie sah, dass meine Bildbeschreibung eine Liebeserklärung an unsere Kultur war, die sich jeder Bewertung entzieht. Ich hatte nicht „das Thema" verfehlt. Ich hatte Ihr mein Thema offenbart und das hat sie gewürdigt. Ich war schon zweimal in Bern. Als ich mir dort die Werke von Paul Klee angesehen habe, stand die Kunstlehrerin neben mir. Ich stand auch an seinem Grab. Jedes Jahr kaufe ich mir den Paul Klee Kunstkalender. Als ich ihr mein Buch mit dieser Geschichte ohne Adresse, nur mit ihrem Namen vor 40 Jahren nach Neumünster schickte, erhielt ich von ihr eine Antwort. Damals muss sie so um die neunzig gewesen sein. Sie schrieb mir: „Ich halte dieses Buch in den Händen. Ich habe mich zwischen Wachen und Schlafen auf die lange Reise gemacht." – Es ist nie zu spät, „danke" zu sagen.
Diese beiden Lehrerinnen bringen das Wort Inklusion auf den Punkt. Sie schaffen eine neue Lernkultur.

1.8 Führt die Krisentheorie L. Vygotskijs zum gemeinsamen Lernen aller Kinder?

Inklusives Lernen ist möglich, wenn es wirklich gewollt wäre. In einem inklusiven Unterricht dürfte es keine schlechten Schüler geben. Das Scheitern vieler Kinder in der Schule ist die Antwort auf die Frage:

> „Wie muss der Unterricht gestaltet werden, damit die Schülerinnen und Schüler sehr gute, mittelmäßige und schwache Leistungen zeigen?"

Dieser „normal verteilte" Unterricht wird nicht infrage gestellt. Er wird verlangt.

Ich erinnere mich noch sehr gut daran, als es Sozialarbeiterinnen und Sozialarbeitern in München vor 35 Jahren gelungen war, in den sozialen Brennpunkten die Einschulung der Kinder in Sonderschulen für Lernbehinderte weitgehend zu verhindern. „Die Sonderschulen trocknen aus," bedeutete so viel: „Das muss verhindert werden."

Heute müssen sich die Pädagogen im Gegenteil fragen: „Wie muss der Unterricht ohne Sonderschulen gestaltet werden, in dem unterschiedliche Kinder gemeinsam erfolgreich lernen?" Wenn die Lehrerinnen und Lehrer sich bewusst machen, dass sie nicht wissen, wie sie das gemeinsame Lernen aller Kinder ermöglichen, gehen sie durch eine tiefe Krise. Sie können diese Krise nur bewältigen, wenn es ihnen gelingt, gemeinsam mit den unterschiedlichen Kindern zu fühlen, wahrzunehmen, zu sprechen, zu erinnern und zu denken.

> Die menschliche Entwicklung verläuft, im Sinne L. Vygotskijs, nicht linear, sondern sie erfolgt in wesentlichen Sprüngen als psychische Metamorphose.

Uns ist die Metamorphose der Insekten bekannt. Eine Raupe verpuppt sich, um ein Schmetterling zu werden. Sie verändert sich sprunghaft wesentlich.

> Die Metamorphose der Kinder findet als eine wesentliche Umstrukturierung ihrer Psyche statt.

Diese Entwicklung der kindlichen Psyche verläuft in wesentlichen Sprüngen. Bei jedem Entwicklungssprung gehen die Kinder durch eine Krise.

In unserer Kultur ist die Krise des Vierjährigen als Trotzphase und die Krise des Dreizehnjährigen als Pubertät bekannt. Die Krise des Einjährigen und des Siebenjährigen wird erst von Vygotskij beschrieben: „Wir können nun folgende Periodisierung der Altersstufen aufstellen:
• Krise des Neugeborenen
• Säuglingsalter (2 Monate bis 1 Jahr)
• Krise des Einjährigen
• Kleinkindalter (1 Jahr bis 3 Jahre)
• Krise des Dreijährigen
• Vorschulalter (3 bis 7 Jahre)
• Krise des Siebenjährigen
• Schulalter (8 bis 12 Jahre)
• Krise des Dreizehnjährigen
• Pubertätsalter (14 bis 18 Jahre)
• Krise des Siebzehnjährigen"[13]

Vygotskij beschreibt die jeweilige Veränderung des Verhaltens der Kinder in der jeweiligen Krise.

Nur wenn die Pädagogen die jeweiligen Veränderungen der psychischen Struktur der Kinder erkennen und sich darauf einstellen, wird es ihnen möglich, die Kinder in ihrer Entwicklung zu unterstützen.

Wenn Kinder scheitern, ist es ein Ausdruck dafür, dass sie in ihrer psychischen Entwicklung behindert werden. Dafür tragen Politiker, Wissenschaftler, Ärzte, Psychologen, Pädagogen und Eltern die Verantwortung.

Eltern und Pädagogen können allein ohne Unterstützung der Wissenschaftler und Politiker die Inklusion nicht verwirklichen. Sie sind darauf angewiesen, dass alle Verantwortlichen in dieser Gesellschaft eine adäquate Umstrukturierung des Schulsystems durchsetzen:

• Pädagogen müssen adäquat ausgebildet werden.
• Die Klassengröße muss den pädagogischen Erfordernissen angepasst werden.
• Kinder mit besonderen Bedürfnissen werden im Unterricht von pädagogischen Assistenten unterstützt.
• Für die Pädagogen werden Lehr- und Lernmaterialien für das gemeinsame Lernen unterschiedlicher Kinder entwickelt.
• Diese Lehrmaterialien müssen den Kindern unterschiedlicher Entwicklungsstufen eine Anschlussmöglichkeit an die jeweiligen Unterrichtsinhalte in einer Schulklasse ermöglichen.

Es leuchtet ein, dass dieses Unterrichtskonzept versucht, dem Anspruch nach gemeinsamem Lernen der Kinder unterschiedlicher Entwicklungsstufen zu entsprechen. Die Entwicklung von einer psychologischen Entwicklungsstufe zur nächsthöheren ist nur möglich, weil von Anbeginn des Menschen in ihm alle psychologischen Entwicklungsstufen als Möglichkeit angelegt sind.

> Wir können daher nur werden, was wir von Anbeginn sind.

Dieses Werden darf nicht blockiert werden, sondern muss für jedes Kind durchgesetzt werden.

Vygotskij beschreibt diese innere von Anbeginn angelegte psychische Struktur eines Kindes als Einheit aller psychologischen Entwicklungsstufen. Jede Entwicklungsstufe ist durch die jeweilige Dominante gekennzeichnet.

Die Beziehung des Kindes zu seiner Umwelt und zu sich selbst verändert sich von einer Entwicklungsstufe zur nächsten. Die Dominante ist die einzig mögliche Art und Weise des Kindes mit seiner Umwelt zu kommunizieren. Damit sich das Kind entwickeln kann, muss die Umwelt adäquat reagieren.

Der Säugling kommuniziert als gemeinsam geteilter Körper mit der Mutter, wenn er gestillt, getragen und liebkost wird. Das Kleinkind kommuniziert in der gemeinsam geteilten tätigen Aneignung der Kultur und Natur mit den Erwachsenen, wenn die Erwachsenen mit ihm den Werkzeuggebrauch praktizieren und sprachlich begleiten. Das Vorschulkind kommuniziert in der gemeinsam geteilten symbolischen Aktion mit anderen Kindern, wenn es die Möglichkeit zum Rollenspiel bekommt und wenn es im bildnerischen Gestalten gefördert wird. Das Schulkind kommuniziert im gemeinsam geteilten Zeichengebrauch beim Lesen, Schreiben und Rechnen, wenn es in der Schule erfolgreich lernt.

Die Dominante entsteht als Ergebnis des Zusammenwirkens des wesentlichen Sinnesorganes und der wesentlichen gemeinsam geteilten Tätigkeit des Säuglings, Kleinkinds, Vorschulkinds, Schulkinds und Jugendlichen mit seiner Umwelt. Jedes Kind verfügt zu jeder Zeit über die potenziellen Fähigkeiten zu empfinden, wahrzunehmen, zu erinnern, zu denken und sich selbst zu reflektieren. Für den Säugling wird die Dominante die Empfindung, für das Kleinkind die Wahrnehmung, für das Vorschulkind das Gedächtnis, für das Schulkind das Denken und für den Jugendlichen die Selbstreflexion.

Die psychische Struktur in der Entwicklung vom Säugling zum Jugendlichen im Hinblick auf die jeweilige Dominante:

Säugling	Kleinkind	Vorschulkind	Schulkind	Jugendlicher
Empfindung	Empfindung	Empfindung	Empfindung	Empfindung
Wahrnehmung	**Wahrnehmung**	Wahrnehmung	Wahrnehmung	Wahrnehmung
Gedächtnis	Gedächtnis	**Gedächtnis**	Gedächtnis	Gedächtnis
Denken	Denken	Denken	**Denken**	Denken
Selbstreflexion	Selbstreflexion	Selbstreflexion	Selbstreflexion	**Selbstreflexion**

1.9 Befinden sich Kinder mit Down-Syndrom im Krieg?

Aus der Sicht der Kinder mit Down-Syndrom ist die Schulwirklichkeit ein einziges Scheitern. Sie können sich weder im integrativen Unterricht noch im Unterricht für geistig Behinderte entsprechend ihren Möglichkeiten entwickeln. Es wird ihnen kein adäquater Unterricht im Sinne Vygotskijs angeboten.

Die Entwicklungsverzögerung der Kinder ist nicht, wie schon gesagt, in erster Linie biologischer Natur, sondern sozialer Natur, das heißt die Folge einer gescheiterten Lernkultur. Der Kinder- und Jugenpsychiater PD Dr. med. Kowerk diagnostiziert bei den Kindern mit Down-Syndrom in der Regel *Entwicklungsverzögerung bei depressiver Reaktionsbildung* und nicht wie üblich *geistige Behinderung bei Downsyndrom*.

Nachdem Jan ein halbes Jahr zur Schule ging, meldete sich seine Lehrerin bei mir mit der Bitte, bei einer Therapiestunde zu hospitieren. Von der Mutter hatte ich vorher erfahren, dass Jan am Unterricht nicht teilnehmen würde. Er würde laut schreiend durch die Klasse laufen, Stühle umwerfen, Kinder stoßen und spucken. Die Lehrerin sah keine andere Möglichkeit, als Jan in den Ruheraum zu schicken, damit er bzw. sie eine „Auszeit" für sich hatten. Für Jan bedeutete es, mit dem Kissen zu kuscheln und einzuschlafen, für die Lehrerin, sich ungestört den anderen Kindern zuzuwenden. Die Lehrerin konnte sich nach Aussagen der Mutter nicht vorstellen, wie Jan sinnvoll unterrichtet werden könnte.

Die Lehrerin und Jan kamen gemeinsam mit den Eltern in die Praxis. Ich sagte zu Jan: „Du freust dich ja immer, wenn du kommst. Deine Lehrerin freut sich auch." Die Kollegin war vom ersten Augenblick an aufgeschlossen. Sie sagte: „Ich freue mich, hier zu sein." Zuerst benannte Jan ohne Problem alle Buchstaben. Die Kollegin klatschte: „Jan, ich freue mich so sehr, dass ich hier bin. Ich weiß jetzt, dass du alle Buchstaben kannst." Dann legte Jan mithilfe von Gebärden kleine Sätze wie „Bob baut ein Haus". Als er fertig war, sang er leise: „Bauarbeiter: können wir das schaffen? Bob der Meister: Ja wir schaffen das." Dann schrieb er die Wörter Rumpel, Baggi, Buddel und Sprinti sorgfältig nach. Zum Schluss fertigte er ein Stickerbild von Bob dem Baumeister an.

Nachdem die Stunde vorbei war, sagte die Lehrerin zu mir sinngemäß: „Ich habe das Kind nicht gekannt. Ich habe in dieser Stunde ein anderes Kind gesehen. Ich wusste nicht, dass er bereits kleine Diktate legen kann, dass er den Stift führen kann. Im Grunde genommen können andere Kinder in der Klasse nicht mehr als er. Die Frage ist für mich jetzt, wie kann ich mit Jan lernen? Ich denke, ich schaffe erst einmal alle Materialien an, die Sie benutzt haben." Sie notierte: Spielfiguren, Lesekoffer, Buchstabenkarten aus Kunststoff und Sticker.

Anschließend sagte sie: „Das Material ist natürlich wichtig. Viel wichtiger ist, dass ich lerne, wie ich mit einem Kind mit Down-Syndrom arbeiten kann. Ich muss Ihnen ganz ehrlich sagen, ich hatte die ganze Zeit Jan gegenüber ein schlechtes Gewissen. Ich wusste nicht, wie ich ihm das gemeinsame Lernen mit anderen Kindern ermöglichen konnte. Ich war bis eben der Meinung, dass er als Kind mit Down-Syndrom geistig behindert ist. Ich habe bisher nie etwas anderes über das Down-Syndrom gelernt. Im Grunde genommen weiß ich gar nichts."

Dann schrieb sie sich folgende Buchtitel auf: „Das Down-Syndrom: Begabte Kinder im Unterricht", „Inklusives Lesenlernen für Kinder ab drei". Das Buch „Jenseits von Pisa" nahm sie mit. Außerdem meldete sie sich für den Fortbildungskurs „Inklusives Lernen in der Schule" an. Sie bedankte sich bei Jan und mir: „Ich freue mich, dass ich hier war, dass ich so viel lernen konnte und dass ich jetzt weiß, dass du ein kluger Junge bist."

Diese Erfahrung bestätigt mich in meiner Überzeugung, dass das Scheitern der Kinder in der Schule weder den Kindern noch den Eltern noch den Lehrern angelastet werden kann. Sowohl die Eltern wie die Lehrerin sind bereit, Jan in seiner Entwicklung zu unterstützen.

Ein begabtes geliebtes Kind wird von einer engagierten liebevollen Lehrerin unterrichtet. Zu Hause lernt das Kind mit den Eltern erfolgreich. Im Unterricht versagt es völlig. Wie ist eine solche Tragödie möglich?

Auf unserer Fortbildung „Inklusives Lernen" diskutierten Eltern, Lehrer, Psychologen und Erzieher das Für und Wider zur Inklusion. Die Eltern fragten zum Beispiel: „Wie sollen denn unsere Kinder mit Down-Syndrom ohne zusätzliche sonderpädagogische Förderung gemeinsam mit den anderen Kindern lernen?"

- Eine Lehrerin sagte: „Ich habe zurzeit 22 Kinder in der Klasse und 3 Integrationskinder. Es tut mir leid, aber es ist mir nicht gelungen, die Kinder so zu fördern, dass sie mit den anderen Kindern lernen können. Sie bekommen in der Regel Aufgaben weit unter dem Niveau der anderen Kinder. Ich weiß nicht, wie ich das ändern soll."
- Ein Vater entrüstetet sich: „Es kann doch nicht sein, dass unsere Kinder mit Down-Syndrom in die Regelschule gehen, in Wirklichkeit lernen sie aber nichts. Auf der Regelschule sollten sie einen Schulabschluss machen. Das ist doch die Pflicht der Lehrer."
- Dann meldet sich ein Lerntherapeut, der in einer pädagogischen Praxis vor allem mit Kindern mit Down-Syndrom arbeitet: „Die Eltern schicken die Kinder zu mir, weil sie als Integrationskinder mit Down-Syndrom tatsächlich in der Schule in der Regel nur sozial integriert sind. Zu mir kommen Kinder vom 1. bis zum 4. Schuljahr."
- Eine Mutter sagt: „Ich hoffe ja, dass unser Sohn das Lesen bei Frau Manske noch vor der Schule lernt. Die Buchstaben kann er schon. Wir üben auch jeden Tag mit dem Lesekoffer, das macht ihm Spaß. Das A, das M und das H kann er auch schon schreiben. Jetzt ist er erst 5, mit 7 müsste er dann soweit sein."
- Eine andere Mutter sagt: „Kann mein Sohn das denn noch aufholen? Wir haben ja erst mit 5 angefangen."
- Nachdem alle verstummen, ergreift der Lerntherapeut noch einmal das Wort: „Heute mussten sie eine Lehrerin aus dem Unterricht tragen. Sie konnte nicht mehr. Alkohol."
- Der Vater, der für seinen Sohn den Hauptschulabschluss anstrebt, ereifert sich: „So eine gehört doch nicht in die Schule."
- Eine Psychologin sieht das Problem ganz anders: „Die Kollegin hätte sich ja krankschreiben lassen können. Dass sie trotzdem losgegangen ist, zeigt doch, wie verantwortlich sie sich fühlt. Es war ihr nicht möglich, die Kinder und die Kollegen im Stich zu lassen. Die Frage ist nur, warum hat sie so viel getrunken?"
- Der Lerntherapeut sagt: „Die Frage hätte sie nicht mehr beantworten können."

Die psychische Gesundheit der Lehrer ist Voraussetzung, dass Kinder im Unterricht nicht verletzt werden.

Ich erinnere mich an meine eigene Schulzeit. Vor mir hatten bereits sieben Mitschülerinnen wegen unseres Klassenlehrers „freiwillig" die Schule gewechselt. Der Oberstudienrat hatte die Angewohnheit, vor dem Unterricht immer eine Schülerin herauszupicken und so lange zu prüfen, bis sie seine Fragen nicht mehr beantworten konnte oder wollte. Ich war sein achtes Opfer. Da meine Mutter an mich nicht die Erwartung hatte, erfolgreich auf dem Gymnasium zu sein, ging ich in den Widerstand. Wenn ich seine Fragen nicht beantwortete, strahlte ich ihn an, so als hätte er gesagt, das war eine glatte Eins. Wenn der Oberstudienrat anfing zu schreien, schaute ich konzentriert aus dem Fenster. Wenn er von mir verlangte, dass ich ihn anschauen und ihm zuhören sollte, schloss ich meine Augen.

Der Oberstudienrat schrie: „Du bist nicht nur faul und dumm. Ich werde zum Stier." In dem Augenblick verließ ich die Klasse: „Sie sehen mich hier nie wieder." Es folgte ein Gespräch mit der Direktorin, meiner Mutter und dem Lehrer. Die Direktorin fragte ihn: „Wie ist es möglich, dass ein so intelligentes freundliches Kind den Unterricht verlässt und von der Schule gehen will?" Der Oberstudienrat antwortete: „Es ist ihr Blick. Sie können sich das nicht vorstellen." Die Direktorin sagte: „Herr Kollege, mäßigen Sie sich." Er sagte nichts mehr. „Frau Manske, ich entschuldige mich für diesen Kollegen bei Ihnen. Ich verspreche Ihnen, dass Ihre Tochter versetzt wird." An den Oberstudienrat gewandt, fuhr sie fort: „Ich möchte nicht, dass Christel diese Schule verlässt und auch keine weitere Schülerin dieser Klasse." Zu mir sagte sie: „Bedanke dich bei deiner Mutter." Meine Mutter antwortete: „Zwischen mir und meiner Tochter ist alles in Ordnung." Auf dem Nachhauseweg sagte sie: „Unter einem Gymnasium habe ich mir etwas anderes vorgestellt." Natürlich wusste sie nicht, wie ich dem Oberstudienrat den Kampf angesagt hatte. Mit meiner Mutter im Rücken hatte ich keine Angst vor ihm. Ich wurde versetzt.

> Lehrerinnen und Lehrer können jedes Kind nur auf dem Hintergrund ihrer eigenen Erfahrungen verstehen.

Ich hatte kein Down-Syndrom, aber ich war das Kind einer Hausfrau, die von 120 DM im Monat sich und ihre drei Kinder durchbringen musste. Ich spürte, dass meine Kultur, meine Wertvorstellungen unvereinbar mit den ständischen Wertvorstellungen der Oberschicht waren. Das Wort Fabrikarbeiter war für mich kein Schimpfwort. Den Schmerz, den Kinder mit Down-Syndrom in einer Integrationsklasse aushalten, kenne ich nicht. Wenn ich höre, dass Jan Stühle schmeißt und spuckt, sehe ich darin keine Verhaltensstörung, sondern ich bin mir gewiss, dass er kämpft – wie ich damals.

Im Unterschied zu mir erfährt Jans Mutter von der Rektorin nicht die Bestätigung, dass ihr Kind klug und liebenswert ist. Ich wurde von meiner Mutter und der Direktorin als gute Schülerin und gute Tochter gesehen. Dies reichte aus, dass ich meine Leistungen sprunghaft verbessern konnte.

Meine Zeichenlehrerin kommentierte diesen Fall nach der Versetzungskonferenz: „Ich habe dem Oberstudienrat deine Zeichenmappe ins Gesicht gebappt. Du gehst deinen Weg und das sollst du."

In unserer Kultur werden zurzeit 98,5 % der Kinder abgetrieben, bei denen Down-Syndrom diagnostiziert wird. Selbst wenn die Ärzte erst im neunten Monat bei dem Baby Down-Syndrom diagnostizieren, ist es rechtens, das Kind mit intrauteriner Herztodspritze vor der Geburt zu töten.

> Diese Gesellschaft hat den Kindern mit Down-Syndrom den Krieg erklärt.

Primo Levi beschreibt seine Erfahrung, die er als Häftling im Konzentrationslager gemacht hat:
„Pannwitz ist hochgewachsen, mager und blond; er hat Augen, Haare und Nase, wie alle Deutschen sie haben müssen, und er thront fürchterlich hinter einem wuchtigen Schreibtisch. Ich, Häftling 174517, stehe in seinem Arbeitszimmer, einem richtigen Arbeitszimmer, klar, sauber und ordentlich, und mir ist, als müsste ich überall, wo ich hinkomme, Schmutzflecken hinterlassen. Wie er mit Schreiben fertig ist, hebt er die Augen und sieht mich an. Von Stund an habe ich oft und unter verschiedenen Aspekten an diesen Doktor Pannwitz denken müssen. Ich habe mich gefragt, was wohl im Innern dieses Menschen vorgegangen sein mag und womit er neben der Polymerisation und dem germanischen Bewusstsein seine Zeit ausfüllte; seit ich wieder ein freier Mensch bin, wünsche ich mir besonders, ihm noch einmal zu begegnen, nicht aus Rachsucht, sondern aus Neugier auf die menschliche Seele. Denn zwischen Menschen hat es einen solchen Blick nie gegeben. Könnte ich mir aber bis ins letzte die Eigenart jenes Blickes erklären, der wie durch die Glaswand eines Aquariums zwischen zwei Lebewesen getauscht wurde, die verschiedene Elemente bewohnen, so hätte ich damit auch das Wesen des großen Wahnsinns im Dritten Reich erklärt. Was wir alle über die Deutschen dachten und sagten, war in dem Augenblick unvermittelt zu spüren. Der jene blauen Augen und gepflegte Hände beherrschende Verstand sprach:
Dieses Dingsda vor mir gehört einer Spezies an, die auszurotten selbstverständlich zweckmäßig ist. In diesem besonderen Fall gilt es festzustellen, ob nicht ein verwertbarer Faktor in ihm vorhanden ist." [14]

Bringt nun die Inklusion für die 1,5 % Restkinder mit Down-Syndrom Rettung?

1.10 Können parallele Lesetexte die gleichen Inhalte vermitteln?

Parallel kommt aus dem Griechischen und heißt „nebeneinander". Parallelen sind:
• nebeneinander
• auf einer Ebene
• unendlich
• mindestens zu zweit

Was bedeutet Parallelität in Bezug auf gemeinsames Lesen?
• Die unterschiedlichen Lesebücher gleichen Inhalts werden nebeneinander in einer Klasse angeboten.
• Die Kinder mit Down-Syndrom und ohne Down-Syndrom eignen sich die gleichen Inhalte der unterschiedlichen Texte an.
• Die inhaltlichen Anforderungen auch an anspruchsvolle Texte sind für alle Kinder unbegrenzt.
• Das Erarbeiten gleicher Inhalte unterschiedlicher Texte findet gemeinsam geteilt statt.

1.10.1 Parallele Lesetexte

Lukas spielte in einem Integrationskindergarten in einem Theaterstück „Die Bremer Stadtmusikanten" einen Räuber. Er hat das Down-Syndrom. Die Mutter zeigte mir ein Foto von der Aufführung. Lukas erinnert lediglich: „Ich habe eine Mütze auf." Erst als ich mit ihm das Märchen mithilfe von Miniaturen inszenierte, verstand er die Freundschaft zwischen Esel, Hund, Hahn und Katze. Er begriff, dass sie in Bremen gemeinsam musizierten und dass es ihnen gelang, das Haus der Räuber zu besetzen.
Kinder wie Lukas sind darauf angewiesen, dass geschriebene und gesprochene Texte immer mit Handlungen und Bildern veranschaulicht werden.

Immanuel Kant ist der Auffassung:

> „Gedanken ohne Inhalt sind leer, Anschauungen ohne Begriffe sind blind."[15]

Pauls Erzieherin hat die Auffassung Kants umgesetzt. Das Märchen der Gebrüder Grimm „Hänsel und Gretel" wurde nicht nur vorgelesen, sondern der gedankliche Inhalt wurde handelnd und bildlich zur Anschauung gebracht.

Paul hat das Down-Syndrom. Kindern mit Down-Syndrom fällt es in der Regel schwerer als Kindern ohne Down-Syndrom, vorgelesene Texte als inneren Film zu konstruieren. Eine Erzieherin hat mit den Kindern einzelne Abschnitte mit Miniaturen gespielt und diese in Fotos festgehalten. Das Spiel mit den Miniaturen und den Fotos reichte aus, um seine Fantasie so anzuregen, dass er „Hänsel und Gretel" erleben und denken kann. Sie hat daraus ein Buch hergestellt, das parallel zu jedem Textabschnitt ein entsprechendes Bild zeigt. Wenn Paul sich das parallele Textbuch anschaut, erinnert er das Spiel mit den Miniaturen mit leuchtenden Augen.

1.10.2 Paul

Hänsel und Gretel

In einem Wald wohnte ein armer Holzhacker mit seiner Frau und zwei Kindern Hänsel und Gretel. Da eine Teuerung ins Land kam konnte er das tägliche Brot nicht mehr herbeischaffen. Die Stiefmutter sagte zu ihm: Morgen in aller Frühe führen wir die Kinder in den Wald, dann lassen wir sie allein. Sonst müssen wir des Hungers sterben.

Hänsel und Gretel hatten vor Hunger nicht schlafen können und hatten gehört was die Stiefmutter zum Vater gesagt hatte. Gretel weint bittere Tränen. „Still, Gretel", sagt Hänsel „gräme dich nicht, ich will uns schon helfen." Als die Alten eingeschlafen waren, stand Hänsel auf und schlich sich hinaus. Von den weißen Kieselsteinen die vor dem Haus lagen, sammelte Hänsel soviel er nur konnte ein.

Noch ehe die Sonne aufgegangen war, weckte die Stiefmutter die beiden Kinder. „Steht auf ihr Faulenzer", rief sie, „Wir wollen in den Wald gehen und Holz holen. Dann machten sie sich auf den Weg. Unterwegs blieb Hänsel immer wieder stehen und guckte zurück. „Hänsel was guckst du da und bleibst zurück?" fragte der Vater.

„Ach Vater ich sehe nach meinem weißen Kätzchen, dass sitzt oben auf dem Dach und will mir ade sagen", antwortete Hänsel. Hänsel aber hatte nicht nach dem Kätzchen gesehen, sondern immer einen Kieselstein auf dem Weg geworfen.

Als sie in den Wald gekommen waren, sagte der Vater: „Nun sammelt Reisig damit ihr nicht friert. Als die Flamme recht munter brannte , sagte die Stiefmutter: „Nun legt euch schlafen. Wir hauen Holz; wenn wir fertig sind, kommen wir und holen euch ab". Hänsel und Gretel schliefen fest ein . Als sie aufwachten, war es schon finstere Nacht. Gretel fing an zu weinen, aber Hänsel tröstete sie. „Wart nur!" Als der volle Mond aufgestiegen war, nahm Hänsel sein Schwesterehen bei der Hand und ging den Kieselsteinen nach, die schimmerten hell und zeigten den Weg nach Haus.

Als die Stiefmutter aufmachte sagte sie: „Ihr bösen Kinder, was habt ihr so lange im Wald geschlafen? Wir haben geglaubt, ihr wolltet gar nicht wiederkommen." Der Vater aber freute sich. Nicht lange danach kam abermals eine Teuerung und die Kinder hörten, wie die Stiefmutter eines Nachts zu dem Vater sagte: „Wir wollen die Kinder noch tiefer in den Wald hineinführen, damit sie nicht wieder herausfinden". Als die Alten schliefen, stand Hänsel wiederum auf und wollte Kieselsteine auflesen, doch die Stiefmutter hatte die Tür verschlossen. Aber er tröstete sein Schwesterehen und sagte: „Weine nicht. Der liebe Gott wird uns helfen." Am anderen Morgen holte die Stiefmutter die Kinder aus dem Bett und sie erhielten ihr Stück Brot. Auf dem Weg zum Walde zerbröckelte es Hänsel in der Tasche, stand oft still und warf ein Bröcklein auf den Weg. Die Frau führte die Kinder noch tiefer in den Wald und sagte: „Wenn ihr müde seid, könnt ihr ein wenig schlafen; wenn wir mit Holzhauen fertig sind, holen wir euch ab." Hänsel und Gretel schliefen ein. Sie erwachten erst in der Nacht. Als der Mond aufstieg, machten sie sich auf, aber sie fanden kein Bröckchen.

Am anderen Morgen kamen sie an ein Häuschen, dass ganz aus Brot gebaut war und mit Kuchen gedeckt; die Fenster waren aus hellem Zucker. „Da wollen wir eine Mahlzeit halten", sprach Hänsel und brach ein wenig von dem Dach ab, und Gretel knabberte an den Scheiben. Da rief eine feine Stimme: „Knusper, knusper, knäuschen wer knabbert an meinem Häuschen?" Die Kinder antworteten: „Der Wind, der Wind das himmlische Kind", und aßen weiter.

Da ging auf einmal die Tür auf; eine steinalte Frau, die sich auf eine Krücke stützte, kam angeschlichen. „Ei ihr lieben Kinder," sagte sie und wackelte mit dem Kopf, „wer hat euch den hierher gebracht? Kommt nur herein euch geschieht kein Leid."

Da wurde ein gutes Essen aufgetragen, hernach wurde ein Bettlein weiß gedeckt, und Hänsel und Gretel legten sich hinein und meinten, sie wären im Himmel. Die Alte hatte sich nur so freundlich angestellt, sie war eine alte Hexe, die den Kindern auflauerte, und sie hatte das Brothäuslein nur gebaut, um sie herbeizulocken. Wenn eines in ihre Nähe kam, so machte sie es Tot, kochte es und aß es. Früh morgens, ehe die Kinder erwacht waren, stand sie schon vor dem Bettlein der beiden und murmelte: „Das wird ein guter Bissen."

Dann packte sie Hänsel mit ihren Händen und trug ihn in einen Stall und sperrte ihn ein. Er mochte schreien wie er wollte. Nun wurde Hänsel das beste Essen gekocht und jeden Morgen kam die Alte und rief: „Streck dein Finger heraus, damit ich fühle, ob du bald fett bist!", Hänsel streckte ihr aber einen Knöchel heraus und die Alte meinte, es wäre Hänsels Finger und wunderte sich dass er gar nicht fett wurde.

Aber als vier Wochen herum waren, wollte sie nicht mehr warten. „He da, Gretel", rief sie dem Mädchen zu, „trag Wasser! Morgen will ich ihn kochen." Aber erst wollen wir backen", sagt die Alte, ich hab den Backofen schon eingeheizt und den Teig geknetet. Kriech hinein und sieh zu, ob recht eingeheizt ist." Aber Gretel merkte wohl ,was sie Böses im Sinn hatte. „Ich weiß nicht wie ich's machen soll", sagte sie, „wie komme ich da hinein in den Backofen?" „Dumme Gans", sagte die Alte, „die Öffnung ist groß genug", und steckte den Kopf in den Backofen. Da gab ihr Gretel einen Stoß, dass sie weit hineinfuhr, machte die Tür zu und schob den Riegel vor. Hu, da fing sie an zu heulen ganz grauselig; aber Gretel lief fort und die Hexe musste elendig verbrennen. Da lief Gretel zu Hänsel, öffnete sein Ställchen und rief: „Hänsel, wir sind erlöst, die Hexe ist tot!" Wie haben sie sich gefreut, sind herumgesprungen und haben sich geküsst.

Dann gingen sie in das Haus. Da standen Kästen mit Perlen und Edelsteinen. Hänsel steckte sie in seine Taschen, was hineinwollte, und auch Gretel füllte sich sein Schürzehen voll. „Aber jetzt wollen wir fort", sagte Hänsel.

Als sie ein paar Stunden gegangen waren, gelangten sie an ein großes Wasser. Gretel sagte: „Da schwimmt eine Ente. Wenn ich sie bitte, so hilft sie uns hinüber." Sie rief: „Entchen, Entchen, da stehen Hänsel und Gretel. Kein Steg und keine Brücken, nimm und uns auf deinen Rücken". Das Entchen kam heran, und Hänsel setze sich auf seinen Rücken. Das Entchen kam wieder und brachte auch das Schwesterchen glücklich übers Wasser. Der Wald kam ihnen immer bekannter vor und endlich erblickten sie von weitem ihres Vaters Haus. Da fingen sie an zu laufen, stürzten in die Stube und fielen ihrem Vater um den Hals. Die Stiefmutter war inzwischen gestorben. Gretel schüttelte ihr Schürzchen aus, dass die Perlen und Edelsteine in der Stube herumsprangen. Und Hänsel warf eine Handvoll nach der anderen aus seiner Tasche dazu. Da hatten alle Sorgen ein Ende, und sie lebten hinfort in lauter Freude zusammen.

Die Erzieherin hat mit Paul im Anschluss dieses Schuhkarton-Diorama von Hänsel und Gretel angefertigt.

In unserer Praxis spielen wir mit Paul Szenen des Märchens „Hänsel und Gretel" mit Kasperpuppen nach.

Er spielt Hänsel nicht. Er ist Hänsel. Skepsis und Angst vor der bösen Hexe stehen ihm ins Gesicht geschrieben.

1.10.3 Ferdinand

Ferdinand ist Autist. Er hat das Lesen nach der Graphem-Phonem-Methode gelernt. Er zieht Buchstaben zu Silben und Silben zu Wörtern zusammen. Mechanisch ohne Sinn und Bedeutung.

Wir erarbeiten den Text „Der Mond ist aufgegangen". Ich habe den Mond zugeschnitten, Ferdinand klebt ihn in den Himmel und spricht dazu: „Der Mond ist aufgegangen." Dann klebt er Sterne in den Himmel und spricht dazu: „Die gold'nen Sternlein prangen am Himmel hell und klar." Er schneidet Dreiecke aus schwarzem Tonpapier und braune Streifen. Er klebt den Wald und spricht: „Der Wald steht schwarz und schweiget." Dann schneidet er aus grünem Tonpapier die grünen Wiesen und spricht dazu: „Und aus den Wiesen." Zum Schluss malen wir den Nebel hinein. Er spricht dazu: „Und aus den Wiesen steiget der weiße Nebel wunderbar."

Während er das Lied mit mir singt, bringt er Sprache und Abbildung zu einer Sinneinheit zusammen, in dem er mit dem Finger immer auf das jeweilige Bild zeigt. Danach liest er den Text mit richtiger Betonung. Seine Augen strahlen. Das bedeutet, dass er Anschauung und Begriff zusammenbringt.

Der Mond ist aufgegangen,
die goldnen Sternlein prangen
am Himmel hell und klar,
der Wald steht schwarz und schweiget,
und aus den Wiesen steiget
der weiße Nebel wunderbar.

1.10.4 Die Maus im Zoo

Viele Eltern, die ihre Kinder in unsere Praxis bringen, haben das Problem, dass ihre Kinder Texte, die sie ihnen vorlesen, nicht hören wollen. Ein Vater teilt mir mit: „Wenn ich abends meiner Tochter am Bett eine Geschichte vorlese, schickt sie mich weg. Sie sagt immer ‚Papa, ich will das nicht hören'. Das macht mich traurig."

Die Eltern entschlossen sich auf einer Fortbildung, dieses Problem anzugehen. Sie lernten, geschriebene Texte als Bildergeschichten zu gestalten. Die Eltern haben daraus kleine gezeichnete Comics gemacht oder mithilfe von Spielfiguren Szenen aufgebaut, diese fotografiert und einen kleinen Text zu jedem Bild geschrieben. Eine Elterngruppe hat die Geschichte „Die Maus im Zoo" für Leseanfänger gestaltet.

M M M mmm
Die Maus
geht
in den Zoo.

Ich bin die Maus.
Wer bist du?
BBB bbbb
Ich bin der
Biber.

Ich bin die Maus.
Wer bist du?
E E E eeee
Ich bin der
Elefant.

Ich bin die Maus.
Wer bist du?
G G G gggg
Ich bin der
Gorilla.

Ich bin die Maus.
Wer bist du?
G G G gggg
Ich bin die
Giraffe.

Ich bin die Maus.
Wer bist du?
L L L llll
Ich bin der
Löwe.

Die Maus schläft.
Sie sieht im Traum
den Biber,
den Gorilla,
die Giraffe,
den Löwe,
den Elefant.

1.10.5 Raupen wollen fliegen

Die psychische Entwicklung der Kinder als Metamorphose habe ich als die Geschichte der Raupenfreundinnen Eleonore und Elvira dargestellt.
Für die Kinder, die den Text nicht zur Vorstellung bringen können, habe ich ein Bilderbuch angefertigt.

Raupen wollen fliegen

Eleonore und Elvira hatten sich im Weißkohlfeld kennengelernt. Eines Tages sagte Eleonore zu Elvira: „Wenn wir über die Straße gehen, kommen wir auf ein Rotkohlfeld. Lass uns gehen, bitte." Sie krochen über die Straße. Sie waren froh, als sie heil auf der anderen Seite angekommen waren, und dass kein Auto sie überfahren hatte. Eleonore fraß sich gleich durch die Rotkohlblätter. Elvira aber legte sich müde unter einen blühenden Apfelbaum. Sie sah den Bienen zu und träumte davon, wie sie von Blüte zu Blüte zu fliegen. Als sie aufwachte, saß neben ihr ein zitronengelber Falter. Sie sagte zu ihm: „Du hast Flügel." Der Falter antwortete: „Ich war eine Raupe wie du. Ich habe mich verpuppt." „Wie hast du das gemacht?", fragte Elvira. Er antwortete: „Ich habe aufgehört, Kohl zu fressen und habe mich still hingelegt und dann sind mir Flügel gewachsen." Er fügte noch hinzu: „Das Sein ist das Werden – du bist auch ein Schmetterling." Der Falter flog davon. Elvira schloss die Augen und als Eleonore ihr ein Stück vom Rotkohlblatt hinlegte, tat sie so, als ob sie schliefe. Sie rührte sich auch am zweiten Tag nicht und auch nicht am dritten Tag. Als der zitronengelbe Falter sah, dass Eleonore weinte, weil sie dachte, dass sie ihre beste Freundin verloren hatte, setzte er sich zu ihr ins Gras: „Hör auf zu weinen, deiner Freundin wachsen Flügel – sie hat aufgehört, Kohl zu fressen. Wenn sie aufwacht, trinkt sie nur noch Blütennektar." Obwohl Eleonore es nicht glauben konnte, was der Falter gesagt hatte, kroch sie den Baum hoch, biss eine Blüte ab und legte sie Elvira hin. Am nächsten Morgen traute sie ihren Augen nicht. Elvira saß da mit wunderschönen weißen Flügeln und trank aus der Blüte, die sie für sie abgebissen hatte. Dann hörte sie sich selbst sprechen: „Ich will wie du nie mehr Kohl fressen – weder Weißkohl noch Rotkohl – ich will nie mehr auf der Erde kriechen – ich will fliegen." Elvira war eine gute Freundin. Sie wartete, bis Eleonore Flügel gewachsen waren. Endlich war es soweit. Eleonore erwachte als Schmetterling: „Du hast ja blaue Flügel", sagte Elvira begeistert. Eleonore sagte: „Lass uns fliegen." Elvira entgegnete ihr: „Von oben sieht die Welt ganz anders aus." Sie flogen in Richtung Himmel. Elvira rief: „Deine Flügel sind blau wie der Himmel." Und Eleonore rief zurück: „Und deine sind weiß wie die Wolken."

Christel Manske

Raupen wollen fliegen

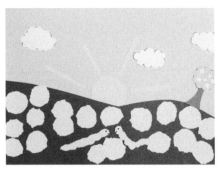

Nora und Ela fressen gerne Weißkohl:
„MMM."

Heute will Ela Rotkohl fressen.
Nora sagt: „Ich komme mit."

Nora legt sich unter einen Apfelbaum.
Ela bleibt im Rotkohl.

Nora träumt, dass sie fliegen kann.

Ela bringt Rotkohl mit. Nora schläft schon.

Ela erkennt ihre Freundin nicht wieder. Ein Schmetterling hilft: „Hole Nora eine Blüte."

Ela kriecht los. Sie denkt: „Der Baum ist so hoch wie der Mond."

Ela sagt zu Nora: „Ich möchte auch fliegen." Nora sagt zu Ela: „Du musst es träumen."

Nora sagt: „Wir können fliegen." Ela sagt: „Freundinnen können das."

1.10.6 Die kleine Maus

In einem Seminar an der Fachhochschule Fulda zum Thema Migration haben Studentinnen in Arbeitsgruppen die Bildergeschichte „Die kleine Maus" gestaltet.

Die kleine Maus

Die kleine Maus wohnte zusammen mit ihrer Mäusemutter auf einer Insel irgendwo im weiten Meer in einem kleinen Mäusehäuschen. Am liebsten spielte die kleine Maus in einem alten Stiefel, den die Wellen einmal angeschwemmt hatten.

Als die kleine Maus eines Tages aus dem Fenster sah, entdeckte sie auf dem Meer ein Boot, das auf die Insel zu schwamm. „Bleib im Haus," sagte die Mäusemutter, „ein Löwe, ein Adler und ein Drache werden auf unsere Insel kommen. Nimm dich in acht, sie sind gefährlich."

Von nun an hörte die kleine Maus jeden Tag das Gebrüll des Löwen, sah den schwarzen Schatten des Adlers und spürte den stechenden Blick des Drachen. Alle Tiere auf der Insel hatten Angst vor den Fremdlingen und versteckten sich vor ihnen.

Nur die kleine Maus hatte keine Angst. Sie wollte genauso laut brüllen wie der Löwe, genauso mit den Augen funkeln wie der Drache und ebenso kräftige Krallen haben wie der Adler. Also übte sie jeden Tag das Brüllen des Löwen. Bald klang es bei ihr so furchterregend wie beim Löwen. Die Mäusemutter war stolz auf ihr Mäusekind.

Jeden Tag beobachtete sie den Drachen, wenn er auf einem Hügel in der Sonne lag und gefährlich mit den Augen blitzte. „Das kann ich auch!", dachte die kleine Maus und begann sofort, den scharfen Blick des Drachen zu üben. Und schon bald konnte sie genauso mit den Augen funkeln wie der Drache.

Immer wenn sie den Adler sah, trug er mit seinen kräftigen Krallen Leckereien durch die Lüfte. „Das will ich auch können!", sagte die kleine Maus. Von da an war nichts mehr vor ihren kleinen Krallen sicher. Sie traute sich sogar, den Igel zu streicheln. Die Mäusemutter freute sich sehr über den Mut der kleinen Maus.

Als der Löwe, der Adler und der Drache wieder einmal über die Insel streiften und alle Tiere in Angst und Schrecken versetzten, lief die kleine Maus ihnen entgegen.

Und als sie den Löwen sah, brüllte sie so laut, wie sie es beim Löwen gehört und die ganze Zeit geübt hatte. Da ging der Löwe freudig auf sie zu und verneigte sich vor ihr. „Ich habe gebrüllt so laut ich konnte, aber niemand hat mir geantwortet. Willst du meine Freundin sein?"

Da kam der Drache und die kleine Maus kletterte auf einen Stein und sah ihm mit stechendem Blick in die Augen. Da blinzelte der Drache und sagte: „Ich habe alle Tiere angefunkelt, aber keines hat meinen Blick erwidert. Willst du meine Freundin sein?"

Als der Adler angeflogen kam, lief die kleine Maus zu ihm und schüttelte ihm kräftig die Kralle. „Ich habe allen meine Krallen gereicht, aber keiner hat sie ergriffen," krächzte er freudig. „Willst du meine Freundin sein?" Und die kleine Maus freute sich über ihre neuen Freunde.

Als die Tiere sahen, dass die kleine Maus keine Angst vor den großen Tieren hatte, kamen sie langsam aus ihren Verstecken und bewunderten die kleine Maus, weil sie so mutig gewesen war.

Christel Manske

Die kleine Maus

Die kleine Maus wohnt mit ihrer Mutter auf einer kleinen Insel.

Die kleine Maus sieht einen Löwen, einen Drachen und einen Adler.

Alle Tiere haben Angst. Die kleine Maus hat keine Angst.

Sie will brüllen wie ein Löwe, krallen wie ein Adler, funkeln wie ein Drache.

Wenn sie dem Drachen in die Augen schaut, funkeln auch ihre Augen.

Wenn der Adler seine Krallen zeigt, zeigt sie ihre Krallen.

Sie streichelt mit ihren Krallen den Igel. Die Mama freut sich.

Die kleine Maus freut sich. Sie sagt: „Guten Tag."

Sie brüllt wie der Löwe. Der Löwe freut sich: „Willst du meine Freundin sein?"

Sie funkelt den Drachen an. Er funkelt: „Willst du meine Freundin sein?"

Als sie dem Adler ihre Krallen reicht, rufen sie alle: „Tiere wollen Frieden."

1.10.7 Fliegender Stern

Julia hat das Down-Syndrom. Sie liest als Integrationskind gemeinsam mit den anderen Kindern der dritten Klasse die Lektüre von Ursula Wölfel „Fliegender Stern".

Sie hört beim Vorlesen konzentriert zu und kann den gehörten Text wiedergeben. Julia ist demnach nicht auf Bilder angewiesen. Sie ist in der Lage, die Sprache in innere Bilder zu übersetzen.

Beim Lesen einer ganzen Buchseite ermüden ihre Augen. Die Lehrerin hat das verstanden. Sie hat deshalb für Julia auf jede Seite einen verkürzten Text geklebt. Diesen Text übt sie zu Hause. Sie liest ihn den anderen Kindern in der Klasse vor.

Dann kommt Dr. Christoph.
Er versteht sie.
Fliegender Stern sagt ihm:
Dieses Land gehört uns.
Auch die Büffel
gehören uns.
Wir brauchen sie
zum Leben.
Weiße, geht in euer
Land zurück!

2 Inklusives Lernen im handelnden Unterricht

Es ist über vierzig Jahre her, als mein Buch „Interesse – Handeln – Erkennen in der Schule" ein Bestseller war. Es ging darum, eine Didaktik zu entwickeln, die alle Schüler einer Klasse zum Schulabschluss führt. Mir war bewusst, dass das Ziel nur erreicht wird, wenn Lehrer, Eltern und Kinder zusammenarbeiten. Dieses Denken entsprang dem Zeitgeist. Der Slogan war „Chancengleichheit für alle Kinder".

Es ging nicht darum, die Kinder, die in der Schule scheitern, zu verändern.
Es ging darum, die Schule so zu verändern, dass kein Kind scheitert.

Dies setzt ein verändertes Bewusstsein bei Politikern, Lehrern, Eltern und Schülern voraus. Ich schrieb damals:

„Soll die Forderung an die Methode, sie dürfe sich nicht unabhängig vom Gegenstand entwickeln, nicht abstrakt und unverbindlich bleiben, dann muss sie sich am Umgang mit den Einzelwissenschaften bewähren, also auch am Wissenschaftsobjekt Erziehung. Deren Gegenstand, so soll in der folgenden Arbeit an Hand konkreter Erfahrungsmodelle gezeigt werden, ist kein vorgegebener, ursprünglich verbürgter, sondern ein entstandener, historisch gewordener.

Erkennt man letzteres nicht, so bleibt es nicht aus, in den Fehler zu verfallen, der es nach meiner Ansicht bislang verhinderte, emanzipatorische Interaktionsmodelle speziell für die Schule zu entwickeln – den Fehler, den normativen Maßstab für die Einordnung des Schülerverhaltens unabhängig von de facto praktizierten und sich ständig ändernden Verhaltensweisen der Schüler zu definieren.

Gerade in diesem Fall, so versuche ich zu zeigen, bleibt das Wertsystem der Handlung äußerlich und wird nur noch auf diese ,angewendet'. Diese Äußerlichkeit des Bewertungssystems gegenüber den Handlungen führt wiederum in jene zwanghafte Widersprüchlichkeit, die sich unter anderem darin äußert, dass die von den Lehrern zur Verfügung gestellte Möglichkeit der freien und kreativen Entfaltungsmöglichkeit von einem Teil der Schüler gar nicht genutzt werden vermag, so sehr blockiert das abstrakt internalisierte Wertsystem, das ihnen seit ihrer frühesten Kindheit als das ,an sich Wahre und Gute' eingeimpft wird, ihre Entfaltungsmöglichkeiten. Es soll daher vorab die These vertreten werden, dass die Normen für die Bewertung von Handlungen nicht unabhängig von diesen, sondern nur aus sich selbst entwickelbar sind. Das bedeutet für den hier zu behandelnden Gegenstand zweierlei:

Es bedarf einer veränderten Einstellung zur Rolle des Lehrers in der Schulerziehung. Nicht er beherrscht souverän und autonom den sich vor seinen Augen abspielenden Entwicklungsprozess, sondern seine Aufgabe sollte wesentlich darin bestehen, die Bedürfnisse der Schüler zu erkennen und deren Entwicklung zu fördern – mit anderen Worten, er hätte sich im Wesentlichen als positiver Regulator zu verstehen.

Wenn die in der Schule beobachtbaren Interaktionsmodelle der Kinder Ausgangspunkt für eine Neuorientierung der Erziehung werden sollen, dann setzt dies voraus, dass den Kindern überhaupt die Möglichkeit gegeben wird, eigene Interaktionsmodelle zu entwickeln, und das heißt, sie zu praktizieren."[16]

Dies wiederum setzt aufseiten des Lehrers die Bereitschaft voraus, seine Rolle als Lehrer zu hinterfragen und auf die Kraft aller Kinder zu vertrauen. Außerdem ist es notwendig, im inklusiven Unterricht jede Unterrichtsstunde so zu gestalten, dass alle Kinder unterschiedlicher Entwicklungsstufen angesprochen werden.

> Jede Unterrichtseinheit kultiviert das gemeinsam geteilte Empfinden, das gemeinsam geteilte Wahrnehmen, das gemeinsam geteilte Erinnern und das gemeinsam geteilte Denken.

2.1 Unterrichtseinheit „Die Vögel sind bedroht"

Die Indianer sagen: „Die Erde gehört uns nicht. Wir gehören zur Erde." Alle Geschöpfe sind miteinander verbunden. Die Erde ist die Mutter aller Pflanzen, aller Tiere, aller Menschen.

Den Schülerinnen und Schülern begegnet der Uhu in einem Vogelpark, in einem Film, aber nicht mehr in freier Natur. Seine Größe ist beeindruckend. Er hat keine natürlichen Feinde und dennoch ist seine Art vom Aussterben bedroht. Die Lektüre „Der UHU" ist exemplarisch für das übergreifende Thema „Die bedrohten Arten." Diesem Thema können die Schülerinnen und Schüler sich nur nähern, wenn sie eine emotionale und kognitive Beziehung zum Uhu entwickeln. Daher ist es notwendig, so viele Erfahrungen wie möglich mit dem Uhu und seinen Verwandten zu machen.

Die Kinder besuchen einen Zoo oder einen Vogelpark. Die Lehrerinnen und Lehrer leihen einen ausgestopften Uhu aus dem Zoologischen Institut aus. Die Kinder haben so die Möglichkeit ihn aus nächster Nähe zu sehen. Durch ihre zarten Berührungen wird er für sie lebendig. Sie sehen Filme, die den Uhu und andere Eulen in freier Wildbahn zeigen und nehmen Anteil an dem Einsatz der Menschen, die es sich zur Aufgabe gemacht haben diese wunderbaren Vögel zu schützen.

Wie können sich nun *alle* Kinder unterschiedlicher psychologischer Entwicklungsstufen einer Klasse mit dem Uhu vertraut machen? Wie können *alle* den

Unterricht als für sie sinnvoll erfahren? Wie können sie die Bedeutung, die der Uhu für die Natur und die Kultur der Menschen hat, mit anderen Kindern und dem Lehrer teilen?

> „Durch die Ethik der Ehrfurcht vor dem Leben werden wir andere Menschen."[17]
>
> *Albert Schweitzer*

Marvin sagt: „Ich stell mir vor, dass ich keine Handfalte hab." Loretta fragt: „Warum bei uns Abtreibung? Ich will das jetzt genau wissen." Jette sagt: „Mama wollte Mädchen haben. Hat auch gekriegt. Mama aber geweint. Ich nämlich Down-Syndrom. Mädchen bin ich."

Diese Unterrichtseinheit zeigt, wie wir versucht haben, allen Schülerinnen und Schülern unterschiedlicher Entwicklungsstufen den Uhu vertraut zu machen. Ich habe einen Uhu und eine Waldohreule aus dem botanischen Institut der Universität Hamburg ausgeliehen. Ich möchte einige Eindrücke schildern, welche Entdeckungen die Schülerinnen und Schüler mit dem Uhu und der Waldohreule auf den unterschiedlichen psychologischen Entwicklungsstufen gemacht haben.

Als die zwanzigjährige stumme Lena mit geistiger Behinderung in der Werkstatt an der Unterrichtseinheit „Der Uhu" teilgenommen hatte, wurde das Erleben zur Erfahrung, als sie in der Lage war, diese mit den gespreizten Zeige- und Mittelfingern zu bezeichnen. Das Handzeichen steht für das „U". In den parallelen Textbüchern werden die Erfahrungen mit dem Uhu auf unterschiedlichen sprachlichen Niveaus für Integrationskinder (Fassung 1) und Regelschulkinder (Fassung 2) aufgehoben:

1. Fassung „U" „Uhu – Uhu" „Der Uhu ruft Uhu."
2. Fassung „Der Uhu ist die größte europäische Eule. Er ist ein Nachtvogel"

Das sinnliche Erleben des Uhus wird durch die Bezeichnung „U" zur bewussten Erfahrung. Durch die sprachliche Bezeichnung „U" wird der Uhu zum Begriff. Daher ist für Lena das „U" notwendig. Ohne Begriffe gibt es kein Bewusstsein. Die Bücher sind so aufgebaut, dass der Inhalt jeder Seite als sinngebender Laut, als Wort, als Satz und als ausführlicher Text angeboten wird.

Es ging nicht darum, Lena sinnlose Buchstaben zu lehren. Es ging darum, Lena zu ermöglichen, mithilfe der sinngebenden Laute begrifflich zu kommunizieren. Wenn sie mit flacher Hand vor dem Mund „M M M" gebärdet, kommuniziert sie mit den Mitschülerinnen, was der Uhu frisst. Wenn sie die Finger vor den Mund hält „St", dann kommunizierte sie, dass der Uhu nicht gestört werden darf. Wenn andere Schüler die jeweilige Seite vorlesen, liest sie mithilfe der Handzeichen mit.

Hegel ist der Überzeugung, dass Handlungen nicht reflektiert werden können. Sie sind flüchtig. Im Bild werden sie aufgehoben. Das Bild reflektiert die flüchtige Handlung. Die Handlung kommt zum Betrachter zurück und wird als inneres Bild im Kopf aufbewahrt. Erst durch die sprachliche Bezeichnung gelangt das innere Bild ins Bewusstsein und wird im Langzeitgedächtnis gespeichert.

Das Bild, das die Handlung aufhebt, provoziert zum Beispiel bei Lena das Handzeichen. Das ist ihre Art und Weise zu kommunizieren.

Die parallelen Texte bieten die Erfahrungen, zum Beispiel mit dem Uhu auf der linken Seite als Bild und auf der rechten Seite entsprechend als Text, an.

Parallel bedeutet, wie schon, gesagt, dass es *zwei* Textausgaben nebeneinander gibt. Die erste Fassung ist geeignet, alle Schüler und Schülerinnen früherer Entwicklungsstufen anzusprechen. Die zweite Fassung entspricht der jeweiligen Klasse einer Regelschule.

• Schülerinnen und Schüler, die in der Entwicklung der Lautsprache noch auf der psychologischen Entwicklungsstufe im Sinne Vygotskijs Säugling sind, lesen: „U U U".
• Schülerinnen und Schüler, die auf der Stufe Kleinkind sind, lesen: „Uhu Uhu Uhu".
• Schülerinnen und Schüler, die auf der Stufe Vorschulkind sind, lesen: „Der Uhu ruft Uhu Uhu.".
• Schülerinnen und Schüler, die auf der Stufe Schulkind sind, lesen den regelrechten Text: „Der Uhu ist die größte europäische Eule. Er ist ein Nachtvogel.".

Es ist das Ziel, dass am Ende des Schuljahres auch viele Integrationskinder den entfalteten Text lesen.

Damit alle Schülerinnen und Schüler gemeinsam lernen können, ist es notwendig, dass alle psychologischen Entwicklungsstufen im Sinne Vygotskijs in einer Unterrichtseinheit angeboten werden:

2.1.1 Psychologische Entwicklungsstufe: Gemeinsam geteiltes Empfinden

Karin ist zwanzig Jahre. Sie arbeitet in einer Werkstatt für Behinderte. Sie ist sehbehindert. Die Entdeckung des Fremden, in diesem Fall des Uhus, ist für sie lustvoll. Sie berührt ihn vorsichtig mit ihren Händen. Sie streichelt die Federn: „schönes Fell". Dann spürt sie seine Krallen: „spitze Fingernägel". Dann stößt sie auf seinen harten Schnabel: „dicker Nagel". Sie hat das sich das Unbekannte lustvoll vertraut gemacht. Sie lächelt.

Flora hat das Down-Syndrom. Sie ist vier Jahre alt. Sie nimmt die Waldohreule zärtlich in den Arm und schmust sie mit ihrem Gesicht mit leuchtenden Augen. „Sie ist so weich."

Karin   *Flora*

Für Schülerinnen und Schüler, die keine sinnlichen Erfahrungen mit einem Vogel gemacht haben ist es wichtig, diese im Unterricht nachzuholen.

2.1.2 Psychologische Entwicklungsstufe: Gemeinsam geteiltes Wahrnehmen

Die Jungen und Mädchen eines dritten Schuljahres besuchen im Unterricht einen Wildpark oder einen Tiergarten.

Schneeeule   *Uhu*

Sie beobachten und beschreiben lebendige Eulen. Die Kinder stellen fest, dass der Uhu sich kaum bewegt. Er sitzt auf dem Baum und hat die Augen geschlossen. Die Schneeeule ist weiß, der Kauz ist klein. Die Waldohreule hat Ohren. Die Kinder kommunizieren, was sie sehen, was sie hören und was sie selbst fühlen. Die Eulen tun ihnen leid, weil sie eingesperrt sind.

„Die möchten bestimmt abhauen." „Wer füttert sie, wenn sie abhauen und wo können sie wohnen?"

Sie machen Fotos und bringen diese mit in den Unterricht. Sie stellen gemeinsam ein Fotobuch her. So erinnern sie sich an den Ausflug. Das externe Gedächtnis wird zum internen Gedächtnis.

Die vierjährige Flora beschreibt ihre Eindrücke, als sie die ausgestopfte Waldohreule untersucht: „Das ist ihre Kehle, der Schnabel, die Flügel, die Ohren. Da drinnen sind der Darm und der Magen. Sie hat ein Gesicht. Sie hat ein Herz. Sie hat vier Krallen. Sie hat Federn. Sie wird nur von außen nass."

2.1.3 Psychologische Entwicklungsstufe: Gemeinsam geteiltes Symbolisieren

Nachdem Karin sich den Uhu bewusst gemacht hat, malt sie ihre Erfahrungen auf.

Andere Mitarbeiterinnen gestalten eine Schneeeule. Sie bekleben zwei aufgeblasene Luftballons mit Daunenfedern. Dann montieren sie Augen, Schnabel und Krallen.

Die Vorschulkinder mit Down-Syndrom in meiner Praxis fertigen mithilfe einer Vorlage ein Knete-Tuschbild an.

Die Schulkinder mit Down-Syndrom machen eine Zeichnung mithilfe von Umrissen. Alle Schülerinnen egal welcher psychologischen Altersstufe fertigen ein Abbild ihrer Erfahrungen an. Das äußere Bild wird so zu ihrem inneren Bild im Kopf. So halten sie ihre Erfahrungen im Gedächtnis fest und können sie zu jeder Zeit erinnern.

2.1.4 Psychologische Entwicklungsstufe: Gemeinsam geteiltes Lesen

Die Regelkinder im Primarunterricht lesen die zweite Fassung der Lektüre „Der Uhu". Der Leseunterricht mit Kindern mit Down-Syndrom sollte im inklusiven Unterricht wie in meiner Praxis mit einer Handlung oder mit einem Spiel beginnen.

Michel kommuniziert mit dem Uhu. Mit den gespreizten Zeige- und Mittelfingern gebärdet er den Laut „U". Er schreibt mit dem Finger das Wellpappen-U nach. Dann schreibt er mit dem Stift das „U" in die Rahmenschrift. Er spricht dazu „U". Er spielt, dass der Uhu das „U" liest.

Da das „U" in diesem Zusammenhang Sinn gibt, ist es ein Wort. Die einzelnen Buchstaben werden nicht wie bei der Graphem-Morphem Methode als sinnlose Zeichen trainiert.

In der Einheit von Erfahrung und Bezeichnung wird das „U" als stabiles löschungsresistentes funktionelles System gebildet, das nicht durch Bekräftigungslernen eingeprägt werden muss.

„Stellen sich die Lehrer lediglich das Ziel, den Schülern bestimmte Kenntnisse *in diesem Fall Buchstaben* zu vermitteln, ohne zu beachten, welchen Weg die Kinder dabei einschlagen und mithilfe welcher Operationen sie diese oder jene Aufgabe lösen, und verzichten sie ferner auf die Kontrolle, ob sich die Operationen rechtzeitig umgestalten, *ob sie mit den Graphemen Phoneme und sinnvolle Handlungen verbinden,* dann kann es zu Störungen in ihrer geistigen Entwicklung kommen."[18] Alle sinngebenden Buchstaben werden als Tätigkeit gelernt.

Danach lernen die Kinder das Wort „Uhu" mithilfe von Buchstaben-Handgebärden, die der Lehrer macht „zu schreiben", um es lesen zu lernen. Der Gegenstand wird entweder als Miniatur oder als Bild auf den Tisch gelegt. Danach legen sie das Wort „Uhu" mit Kunststoffbuchstaben möglichst auf eine Magnettafel mit Linien. Andere Kinder schreiben lieber am Computer.

Nach einigen Übungen sind sie in der Lage, das Wort ohne Miniatur und ohne Bild zu konstruieren. Wenn ich dann frage: „Was hast du geschrieben?", lesen sie nicht nur „Uhu", sondern suchen die entsprechende Miniatur oder das passende Bild aus. Sie schreiben zum Beispiel einen Satz: „Der Uhu ruft Uhu.".

Am Ende der Unterrichtseinheit schreiben sie selbst eine Geschichte, die sie mir diktieren. Mithilfe von Handgebärden unterstütze ich sie, ihren Text zu „schreiben".

Im Zoo
Gestern waren Papa, Mama und ich im Zoo.
Wir haben viele Tiere gesehen.
Papa hat vom Uhu ein Foto gemacht.
Das kommt in mein Lesebuch.

Auf diese Weise ist es möglich, dass Kinder auf den unterschiedlichen psychologischen Entwicklungsstufen gemeinsam die parallelen Texte „Der Uhu ist, bedroht" erarbeiten.

Karin erarbeitet sich mithilfe eines Vogelbuchs die genaue Bezeichnung der unterschiedlichen Federn.

Nach meiner Erfahrung als Lehrerin und Therapeutin bin ich davon überzeugt, dass es für alle Kinder am adäquatesten ist, wenn sie *Lesen durch Schreiben* lernen. In dieser Tradition stehen Freinet, Freire und Reichen.

Wie lernen Kinder mit Down-Syndrom in meiner Praxis lesen?
• Die Kinder lernen die Buchstaben als sinngebende Laute in der Einheit von Handlung, Symbol und Zeichen.
• Sie schreiben sie als Buchstaben-Diktat mithilfe von Kunststoffbuchstaben oder Computer.
• Sie lesen das Buchstaben-Diktat.
• Der Lehrer diktiert Wörter mit Buchstaben-Handgebärden, die sie mithilfe von Kunststoffbuchstaben oder Computer schreiben.
• Kinder, die auf die Handgebärden nicht mehr angewiesen sind, dekodieren den gesprochenen Text des Lehrers, in dem sie ihn sich selbst laut vorsprechen.
• In dem die Buchstaben von links nach rechts gelegt werden, wird die Hand-, Augen- und Lippenbewegung koordiniert.
• Die fließende Augenbewegung von links nach rechts entwickelt sich, wenn sie die fließende Handbewegung begleitet. Sie ist für das Lesen Voraussetzung.
• Bevor die Kinder einen Laut, Wort, Satz oder Geschichte „schreiben", haben sie ein äußeres oder inneres Bild des Bezeichneten vor sich.
• Wenn sie ihren Text lesen, sind sie in der Lage, die entsprechenden inneren Bilder zu konstruieren.
• Lesen schafft immer die Einheit von Sinn und Bedeutung.

Alle Kinder lesen die Lektüre „Der Uhu" als parallele Texte.

2.1.5 Die Lektüre „Der Uhu" als Paralleltext

Zum Thema Uhu haben wir ein Lehrbuch entwickelt, dessen Besonderheit darin besteht, dass es eine Anschlussmöglichkeit für die Kinder der unterschiedlichen Entwicklungsstufen bietet. Das Wissen wird sowohl auf der Stufe der Symbolik als auch auf den unterschiedlichen Stufen der Schrift vermittelt. Die Bildseiten sind für alle Kinder Ausgangspunkt der Kommunikation über die Erfahrung mit dem Uhu. Integrativer Unterricht setzt nicht den „gemeinsamen Gegenstand" voraus, den einige Kinder nur empfinden, einige nur wahrnehmen, die meisten kommunizieren und nur wenige denken. Es geht darum, dass alle Kinder diesen Gegenstand empfinden, wahrnehmen, kommunizieren und denken können. Um dieses Ziel zu erreichen, benötigen alle Kinder gleichermaßen adäquate Bücher.

Paralleltext 1

U U U

UHU UHU

Der Uhu ruft Uhu Uhu.

ST ST

STILL STILL

Der Uhu schläft am Tag.

O O O
A A A

AUGE

Der Uhu hat große Augen.

R R R

RI RA RASCH

Der Uhu hört gut.

J J J

JAGEN

Der Uhu jagt eine Maus.

M M M

MAUS
HASE
IGEL

Der Uhu frisst viele Tiere.

BA BA BA
BEU BEU

BEUTE

Der Uhu spuckt
die Knochen aus.

P P
PAPA

Uhu-Mama und
Uhu-Papa
sind ein Paar.

EI EI EI

EIER EIER

Die Uhu-Frau legt Eier.

EU EU

EULE

Es gibt viele
verschiedene Eulen.

O WE
O WE

Der Mann stört.
Das Uhu-Kind hat Angst.

STOPP
STOPP

Der Förster passt auf.

V V V

VORSICHT

Der Uhu muss vorsichtig sein.

H H H

HILFE

Der Uhu braucht Hilfe.

UHU UHU

UHU

Der Uhu sollte überall
in Deutschland zuhause sein.

Paralleltext 2

Der Uhu ist die größte
der europäischen Eulen.

Er ist ein Nachtvogel.

Am Tage sitzt der Uhu
oft regungslos, mit glatt
angelegtem Gefieder und
fast geschlossenen Augen
auf einem Baum am Waldrand.

Er hat große orangefarbene Augen,
mit denen er auch in der Nacht
sehr gut sehen kann.

Er hat ein feines Gehör.
Er hört das Rascheln
einer Maus schon aus
30 Meter Entfernung.

Er jagt nur nachts
und er greift seine Beute
auf dem Boden
oder auch im Fluge.

Der Uhu jagt alle Arten
von Mäusen, kleine Vögel,
mittelgroße Greifvögel und
Eulen, Hasen und Kaninchen,
Igel und Enten.

Der Uhu würgt die Knochen aus.
Wie alle Eulen verschlingt er zuerst
seine Beute.
Dann würgt er das unverdauliche
Fell und die Knochen seiner
Beute als sogenanntes Gewölle
wieder aus.

Uhu-Männchen und
Uhu-Weibchen sind sich
ein Leben lang treu.

Von Ende März bis April legt
das Weibchen 2-4 weiße Eier.
Nach 35 Tagen schlüpfen
die Jungen aus und
verlassen nach 7 Wochen
den Horst.

Es gibt auch andere Eulenarten,
wie z. B. den Sperlingskauz,
den Waldkauz, die Schleiereule
und die Waldohreule.

Viele Jungvögel sterben,
weil sie von Felskletterern
erschreckt aus dem Horst
springen.

Deshalb werden bei uns
auch viele Uhu-Horste bewacht,
um die Bestände zu erhalten.

Die häufigste Todesursache erwachsener Uhus ist die „Verdrahtung der Landschaft".
Oft bleiben die Uhus mit ihren Flügeln, die eine Spannweite bis zu 1,8 Meter haben, in den Überlandleitungen von Stromnetzen hängen und können sich selbst nicht mehr befreien.

Viele verfangen sich bei der Jagd nach Wühlmäusen in Drahtzäunen und sterben elend.

Zurzeit gibt es in Deutschland 1500 Brutpaare.
Selten sehen wir einen Uhu in der Natur. Sollten wir jedoch bei einem Nachspaziergang im Frühjahr ein lautes „Uhuuu" hören, dann ist vielleicht ein Uhu in der Nähe. „Uhuuu", das ist sein Ruf.

2.1.6 Erfahrungen mit den parallelen Texten

Jan ist fünf Jahre alt. Er hat das Down-Syndrom. Er kann alle Buchstaben lesen. Nachdem er sich das Buch Bildseite für Bildseite genau angesehen hat, liest er das ganze Buch dem Filmteam Buchstabe für Buchstabe vor.

Flora hat das Down-Syndrom. Sie ist vier Jahre alt. Sie ist bereits in der Lage Wörter zu lesen. Sie „liest" gleichzeitig auf der Seite der Schrift als auch auf der Seite der Abbildung.

Sie schaut sich z. B: folgendes Bild genau an. Der Uhu sitzt mit geschlossenen Augen auf dem Baum.

ST ST

STILL STILL

Der Uhu schläft am Tag.

Sie liest:
„ST ST
STILL STILL
Der Uhu schläft."
Dann schaut sie auf das Bild.
Sie liest: „Der Uhu schläft auf dem Baum."

Im Text steht: „Der Uhu schläft am Tag."

Es ist wichtig, Flora nicht zu verbessern, um keine Hemmung bei ihr auszulösen. Entscheidend ist, dass sie mit Sinnentnahme liest. Es ist adäquat hinzuzufügen: „Der Uhu schläft auf dem Baum. Er schläft am Tag" und dabei auf den abgebildeten Baum und das Wort Tag zu zeigen.

Josefine hat das Down-Syndrom. Sie ist dreizehn Jahre alt. Sie liest den Text, der einem zweiten oder dritten Grundschuljahr entspricht fließend.

Am Tage sitzt der Uhu
oft regungslos, mit glatt
angelegtem Gefieder und
fast geschlossenen Augen
auf einem Baum am Waldrand.

Sie möchte einen Test schreiben, in dem sie nachweisen kann, dass sie den Sinn des ganzen Buches begriffen und behalten hat. Sie liest Colja und Almut ihre Testantworten vor. Sie hat alle Fragen richtig beantwortet.[19]

Verschiedene Museen in großen Städten stellen immer wieder einmal Eulen von Picasso aus. Falls sich eine solche Ausstellung Ihrer Nähe befindet, bietet es sich an, sich diese mit den Schülerinnen und Schülern anzuschauen und zu erarbeiten.

„Die Eule, die Picasso in mehreren Versionen als Gefäßkeramik schuf und die auch in zahlreichen keramischen Editionen erscheint, ist im antiken Griechenland, da die Eule im Dunkeln sieht, ein Symbol der Weisheit. Sie war der Pallas Athene, der Göttin aller wissenschaftlichen Betätigungen gewidmet, die der

Überlieferung zufolge 490 v. Chr. bei der Schlacht von Marathon, dem griechischen Heer, das gegen die Perser kämpfte, in der Form einer Eule zu Hilfe gekommen war.

In der zweiten Hälfte des Jahres 1946 hielt Picasso eine Eule, die er in seinem Atelier, im Grimaldi-Schloss in Antibes verletzt aufgefunden hatte, als Haustier. Er identifizierte sich mit der Eule wegen der großen, durchdringenden Augen und wegen der Bedeutung, die der Sehsinn für den Maler hatte, wie eine Fotografie Edward Quinns belegt. Sie zeigt, dass Picasso eine fotografische Reproduktion seiner Augen auf die Zeichnung einer Eule geklebt hatte.

Lydia Gasman zufolge wurde die Eule nach 1946 eines der Hauptidentifikationstiere Picassos und diente ihm als Symbol sowohl für Lebenskraft, wie für die Macht des Todes, was durch zahlreiche Keramiken, aber auch mindestens fünf Gemälde und fünf weitere Lithographien belegt wird.

Die Eule wird als Symbol auch mit dem Tod assoziiert, da sie daran erinnert, dass der Gedanke an den Tod die höchste Weisheit darstellt, während in Goyas von Picasso sehr geschätzten Stichen der „Caprichos" die Eule als dämonischer Vogel dargestellt ist, eine Rolle, die ihr bereits im Mittelalter zugewiesen wurde. Der in der Darstellung dieses Vogels thematische Dualismus, da hier – wie beim Stier – symbolische Bezüge sowohl zum Tod wie zur Lebenskraft existieren, wird durch Picassos ambivalenten Gebrauch von Bild und Gefäß noch zusätzlich verstärkt: wie bereits oben ausführlich gezeigt wurde, umkreist die Gefäßsymbolik ebenfalls genau diese Themen."[20]

2.1.7 Unterrichtseinheit Vögel im Winter

Zu den bedrohten Vögeln gehören inzwischen auch die Spatzen. Das Gedicht von Christian Morgenstern eignet sich für Grundschulkinder.

Die drei Spatzen

In einem leeren Haselstrauch
da sitzen drei Spatzen, Bauch an Bauch.
Der Erich rechts und links der Franz
und mitten drin der freche Hans.
Sie haben die Augen zu, ganz zu,
und obendrüber da schneit es, hu!
Sie rücken zusammen dicht an dicht.
So warm wie der Hans hats niemand nicht.
Sie hören alle drei ihrer Herzlein Gepoch
Und wenn sie nicht weg sind, so sitzen sie noch.   *Christian Morgenstern*

Mitarbeiterinnen und Mitarbeiter einer Werkstatt für Behinderte haben das Gedicht als Rollenspiel in Szene gesetzt.

Alle möchten den Platz von Franz einnehmen, weil sie empfinden, dass es dem am besten geht: „Der hat es schön warm.", „Der ist geschützt.", „Der fühlt an jeder Seite einen Freund.". Im Rollenspiel nimmt jeder abwechselnd den Platz von Franz ein. Dann haben sie Plastiken und Zeichnungen zu dem Gedicht angefertigt.

2.1.8 Meisen und Spatzen

Mit Kindern eines vierten Schuljahres einer Sonderschule für Lernbehinderte habe ich die Geschichte „Meisen und Spatzen" gelesen

---

Meisen und Spatzen

Die Kinder sollen einen Blumentopf einen Korken und Bindfaden mit in den Unterricht bringen. Die Lehrerin kauft Schmalz und Sonnenblumenkerne. Die Kinder bauen Futterglocken für die Vögel. Als sie mit ihren Futterglocken fertig sind, gehen sie in den Wald. Alle Bäume tragen Schneedecken. Die Schneeflocken fallen wie Daunen vom Himmel – wie im Märchen von Frau Holle.
Lilly klettert auf eine Eiche. Sie wischt sich den Schnee aus den Augen. Sie hängt ihre Futterglocke so hin, dass sie Vögel sie sehen sollen. Auf dem Weg hüpfen ein paar Spatzen im Schnee. Lilly ruft: „Hier im Baum hängt das Futter." Die Lehrerin verbessert: „Das sind Futterglocken für Meisen. Spatzen können sich daran nicht festhalten."
Lilly denkt an ihr Spatzenbuch und an das Spätzchen Holdrio. Wenn sie abends im Bett liegt, stellt sie sich oft vor, dass sie ein Spatz ist und draußen in einem Spatzennest auf einem Baum schläft. Zu Hause wendet sie sich an Oma Grete: „Die Spatzen sehen die Futterglocken. Sie können sich nichts abpicken, weil sie sich nicht daran festhalten können."
Oma Grete rät ihr: „Wenn dir die Spatzen so wichtig sind, frag Opa, ob er mit dir ein Futterhäuschen baut." Als das Futterhäuschen fertig ist, stellt Lilly es vor ihr Fenster. Eines Abends sagt sie zu Opa Emil: „Die Meisen haben überhaupt nichts gegen Spatzen." Opa Emil schmunzelt: „Wir auch nicht."[21]

Christel Manske

Wir haben mit den Kindern, nachdem wir die Geschichte erarbeitet haben, ein Futterhäuschen gebaut.

2.1.9 Beispiele aus der Unterrichtseinheit Taube

Wie wichtig es ist, dass Jungen und Mädchen im Unterricht eine emotionale und kognitive Beziehung zu dem jeweiligen Lerngegenstand aufbauen, zeigt folgendes Unterrichtsbeispiel:

Ein blasser Junge, 5. Schuljahr, fiel mir auf, weil er im Zeugnis fast nur Fünfen hatte. Er war still. Er meldete sich nie. Wenn ich ihn ansprach, wurde er rot. In einer Pause fragte ich ihn, was er zu Hause machte. „Wir haben Tauben." Das war alles, was er darüber sagte. Da ich in Biologie in der Klasse unterrichtete, kam mir der Gedanke, ihn zu fragen, ob er nicht einmal eine Taube mitbringen und etwas darüber erzählen könnte. Er nickte. Er brachte zur nächsten Biologiestunde drei Tauben mit, eine Esstaube, eine Ziertaube und eine Brieftaube.

Als ich ihn fragte, ob er uns über die Tauben erzählen könnte, nahm er jeweils die, über die er sprach, aus dem Korb. Die Tauben saßen ganz still in seinem Arm, ab und zu streichelte er sie. Er erzählte über den Taubenschlag, über das Füttern, über die Pflege, über die Fähigkeiten der Brieftauben, über Wettbewerbe. Er zeigte den Ring am Bein der Taube und erklärte, was dieser zu bedeuten habe.

Die Kinder lauschten seinem Vortrag. Als er fertig war, kamen die Kinder nach vorn und stellten Fragen, die er alle kurz und genau beantwortete. Als er sich auf seinen Platz setzte, sagte ich zu ihm, dass wir uns für den hervorragenden Vortrag bedankten und für die Mühe, die er sich gemacht habe. Er wurde ganz verlegen, rot im Gesicht, sah auf den Boden. Nach der Stunde kam er zu mir. Er fragte ganz leise: „Was war das, war das gut?" Ich sagte, dass es ausgezeichnet gewesen sei, dass sein Vortrag nicht besser hätte sein können. Ich sagte, dass es eine Eins wäre, dass ich bisher wenig über Tauben gewusst hätte und nun sehr viel mehr wüsste und die Kinder auch. Er verließ aufrecht den Klassenraum. „Eine Eins hat sie gesagt. In Biologie bin ich nicht so schlecht" sagte er leise zu einem Kind, das noch in der Tür stand.

Die Kinder fertigten für Biologie Mappen, in die sie eintrugen, was in der Stunde durchgenommen wurde. Da es bald Zeugnisse gab, erklärte ich den Kindern, dass sie die Mappen in vierzehn Tagen abgeben sollten, und dass ich diese zensieren würde. Der Junge hatte bis dahin nur ein paar unansehnliche Blätter in seiner Mappe. Jetzt arbeitete er wie nie zuvor. Er schnitt ca. zweihundert Taubenbilder aus den Katalogen seines Vaters, klebte sie ein und beschriftete sie. Außerdem sammelte er Federn, klebte sie zu den Bildern und beschriftete sie ebenfalls. Er fertigte vom Äußeren und Inneren des Taubenstalles Zeichnungen an. Die Mappe umfasste etwa fünfzig Seiten. Nachdem der Schüler in Biologie eine Eins im Zeugnis bekommen hatte, wirkte sich diese Note, so berichtete die Klassenlehrerin, auch auf seine anderen Leistungen aus.[22]

Die Taube gilt als Symbol für den Frieden. Die Schüler diskutieren den Text:

Die Taube

Ich sehe auf dem Balkon eine Taube.
Sie hat rote Füße. Sie hat graue und blaue Federn.
Sie guckt mich an. Ich höre ihr zu. Sie ruft: GURR GURR
Die Taube ist ein Zeichen für den Frieden.
Wenn ich auf einem Plakat eine Taube sehe, weiß ich:
Das ist ein Plakat für den Frieden.

Christel Manske

2.2 Unterrichtseinheit „Die Metamorphose der Fliege"

Ein Professor für Biologie sagte sinngemäß, dass eine Rakete im Vergleich zu einer Stubenfliege ein Geheimnis ist. Bis heute ist es nicht gelungen, den Salto zu erforschen, den sie macht, wenn sie sich im Fluge auf die Zimmerdecke setzt. Sie ist ein Wunder der Schöpfung.[23]

Die Kinder lernen in der Schule Ehrfurcht vor dem Leben einer kleinen unscheinbaren Fliege zu haben. Die Lektüre „DIE FLIEGE" ist exemplarisch für das übergreifende Thema: „Die Metamorphose der Insekten." Aus einem Ei wird eine Made, sie verpuppt sich und wird eine Stubenfliege. Alles Lebendige verändert sich, wenn es sich entwickelt.

2.2.1 Psychologische Entwicklungsstufe: Gemeinsam geteiltes Empfinden

Die Kinder bringen Fliegen in einem Marmeladenglas mit und beobachten sie. Sie halten ihre Hand hinein und lassen sie über ihren Handrücken laufen. Einigen Kinder bereitet es Lust, anderen Unlust. „Das kitzelt". Sie fühlen die schnellen Bewegungen der kleinen Fliegenbeine.
Jan fragt: „Wie alt ist die denn?"
Jette fragt: „Sind die Fliegenkinder auch kleiner als ihre Eltern?"
Luka weiß es: „Sowieso."

So bringen die Kinder zum Ausdruck, dass die Fliege ein Lebewesen ist, das sie im Glas gefangen halten. „Die will bestimmt raus!"

2.2.2 Psychologische Entwicklungsstufe: Gemeinsam geteiltes Wahrnehmen

Die Schülerinnen und Schüler streuen Zucker auf den Schultisch und gießen Milch dazu. Sie beobachten, wie die Fliegen den Zucker und die Milch mit ihrem Rüssel aufnehmen.

Sie erkennen zuerst die großen Augen, danach die zarten Flügel. Dann zählen sie die Beine. Sie lassen die Fliegen frei. Sie lauschen auf das Summen. Sie beobachten ihren Flug und den Salto an die Decke.

2.2.3 Psychologische Entwicklungsstufe: Gemeinsam geteiltes Symbolisieren

An einem Unterrichtsmodell lernen sie die Augen, den Körper, die Flügel, die Beine in vergrößertem Maßstab zu sehen. Lehrfilme berichten über das Leben einer Stubenfliege und die Bedeutung, die sie für das Leben auf der Erde hat.

Auf einer Lehrkarte ist die Metamorphose vom Ei zur Made, zur Larve und zur Fliege dargestellt.

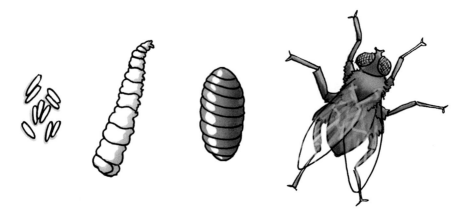

2.2.4 Psychologische Entwicklungsstufe: Gemeinsam geteiltes Lesen

Für alle Kinder unterschiedlicher psychologischer Entwicklungsstufen ist das Wissen über die Metamorphose exemplarisch am Beispiel Stubenfliege in den parallelen Texten bildhaft und sprachlich aufgehoben.
• Die Regelkinder lesen den ausführlichen Text.
• Für Kinder auf der Stufe der Laute wird mit dem Laut „S S S" das Wesen der Fliege bezeichnet.
• Die psychologischen Kleinkinder, die Wörter lesen können, rufen ihr Wissen ab, wenn sie „Fliege" lesen.
• Die psychologischen Vorschulkinder lesen den Satz „Die Fliege fliegt" und erinnern dabei ihr Empfinden und ihre Wahrnehmungen.
• Die psychologischen Schulkinder lesen die Geschichte im Heft 2 „Die Fliege".
• Alle Kinder unterschiedlicher psychologischer Entwicklungsstufen lesen die Erlebnisse mit der Fliege.

In welchen Stufen ich den Text für Kinder mit Leseproblemen erarbeite, wurde exemplarisch am Beispiel „Der Uhu ist bedroht" dargestellt.

Ein Beispiel aus der Lektüre „Die Fliege"

Ei Ei Ei Eier, Maden, Larven Die Fliege legt Eier. Die Maden schlüpfen raus. Sie verpuppen sich.	Eine Stubenfliege legt ungefähr 120 Eier in einen Komposthaufen. Nach 8–12 Stunden schlüpfen kleine Larven, die Maden, heraus. Nach 9 Tagen hören sie auf zu fressen. Sie liegen wie leblos da. Aber im Innern der jetzt starren Hülle findet die Verwandlung in eine Fliege statt. Eine Fliege wird ungefähr 16 Tage alt.

In der Unterrichtseinheit lernen die Kinder, die Fliege aus der Sicht von Johannes Ringelnatz zu erleben, der sich im Flugzeug wünscht, eine Fliege zu sein.

Die Fliege im Flugzeug.

Ich war der einzige Passagier
Und hatte – nur zum Spaße –
Eine lebende Fliege bei mir
In einem Einmachglase.

Ich öffnete das Einmachglas.
Die Fliege schwirrte aus und saß
Plötzlich auf meiner Nase
Und rieb sich die Vorderpfoten.
Das verletzte mich.
Ich pustete. Sie setzte sich
Auf das Schildchen „Rauchen verboten".

Ich sah: der Höhenzeiger wies
Auf tausend Meter. Ha! Ich stieß
Das Fenster auf und dachte
An Noahs Archentaube.
Die Fliege aber – ich glaube,
Sie lachte.
Und hängte sich an das Verdeck
Und klebte sehr viel Fliegendreck
Um sich herum, im Kreise,
Unmenschlicherweise.

Und als es dann zur Landung ging,
Unser Propeller verstummte,
Da plusterte das Fliegending
Sich fröhlich auf und summte.

Gott weiß, was in mir vorging,
Als solches mir durchs Ohr ging.
Ich weiß nur noch, ich brummte
Was vor mich hin. So ungefähr:
Ach, dass ich eine Fliege wär.

Joachim Ringelnatz

Heinz Ehrhardt hat sich Gedanken über die Made gemacht.

Die Made

Hinter eines Baumes Rinde
wohnt die Made mit dem Kinde.
Sie ist Witwe, denn der Gatte,
den sie hatte, fiel vom Blatte.
Diente so auf diese Weise
einer Ameise als Speise.

Eines Morgens sprach die Made:
„Liebes Kind, ich sehe grade,
drüben gibt es frischen Kohl,
den ich hol'. So leb denn wohl.
Halt, noch eins! Denk, was geschah,
geh nicht aus, denk an Papa!"

Also sprach sie und entwich. –
Made junior jedoch schlich hinterdrein;
und das war schlecht,
denn schon kam ein bunter Specht
und verschlang die kleine fade
Made ohne Gnade. Schade!

Hinter eines Baumes Rinde
ruft die Made nach dem Kinde …

Heinz Erhardt [24]

Der Komponist Nikolai Rimski-Korsakow gestaltet das Summen der Hummel musikalisch. Die Schülerinnen und Schüler der Primar- und Sekundarstufe hören im Musikunterricht gegen alle Erwartung mit Begeisterung sein Werk.

2.3 Unterrichtseinheit „Alle Menschen brauchen ein Fahrrad"

Wer aus eigener Kraft Erfahrungen machen will, die ihn schneller und weiter bringen als seine Füße, fährt Fahrrad. Die Lektüre „Das Fahrrad" zeigt exemplarisch, dass sich die Schüler nur dann einen Begriff vom Fahrrad machen können, wenn sie die Sozialgeschichte des Fahrrades erarbeiten. Alle Kulturgegenstände werden in einer bestimmten Zeit unter bestimmten sozialen Bedingungen von Menschen geschaffen. Auch die Form der Fahrräder hat sich im Laufe der Geschichte verändert:

• Nach dem Laufrad wurde das Tretrad entwickelt.
• Dann wurde das Hochrad konstruiert.
• Danach bekam das Niedrigrad den Kettenantrieb und Luftreifen.
• Heute fahren immer mehr Menschen in den Industrieländern mit Elektrorädern.

Je nach Gesellschaftsordnung veränderte sich Sinn und Bedeutung des Fahrrads für die Menschen. Das Recht, dass es in unserem Land heute jedem Mitbürger erlaubt ist, Fahrrad zu fahren, musste von den Menschen durchgesetzt werden.

Im 19. Jahrhundert vergnügten sich nur wohlhabende Menschen mit Laufrad und Hochrad. Danach wurde das Fahrrad auch als Sportgerät zur Freizeitgestaltung immer beliebter. Aufgrund der Massenanfertigung wurden die Fahrräder billiger, sodass sich immer mehr Menschen ein Fahrrad leisten konnten. Für die Frauen wurde spezielle Fahrradkleidung angefertigt. Nach dem ersten Weltkrieg ermöglichte es der arbeitenden Bevölkerung einen schnelleren Weg zur Arbeit. Heute ist es als Verkehrsmittel besonders bei der Stadtbevölkerung beliebt.

2.3.1 Psychologische Entwicklungsstufe: Gemeinsam geteiltes Empfinden

Die Lust an der Bewegung ist angeboren. Dieses Gefühl erleben alle Kinder während ihrer Entwicklung vom Säugling bis zum Jugendalter. Während der Säugling es genießt, von den Eltern im Kinderwagen geschoben und geschaukelt zu werden, erlebt das Kleinkind die Lust, mit dem Laufrad den Eltern hinterher zu fahren oder gemeinsam mit ihnen Tandem zu fahren.

Die Vorschulkinder genießen diese Lust mit Dreirad und Zweirad mit Stützrädern, wenn sie um die Wette fahren. Den Schulkindern verschafft nicht nur die Bewegung Lust, sondern auch wenn die Mitschüler ihr Fahrrad besonders toll finden. Die Jugendlichen fühlen sich in ihrer Peergroup auf einem Motorroller am wohlsten.

2.3.2 Psychologische Entwicklungsstufe: Gemeinsam geteiltes Wahrnehmen

Die Eltern machen alle möglichen Anstrengungen, damit das Kind sicher Fahrrad fahren lernt. Zum Beispiel lenken sie anfangs das Fahrrad und das Kind lernt erst einmal, nur die Pedalen zu treten. Danach laufen sie zur Sicherheit nebenher und unterstützen das Kind, die Balance zu halten. Sicheres Fahrradfah-

ren können die Kinder erst, wenn sie das Fahrrad in ihr Körperselbstbild einge-
tragen haben:
• Der Lenker wird zu den verlängerten Armen.
• Die Pedalen werden zu den verlängerten Beinen.
• Das Fahrrad in Balance zu halten, wird zum erweiterten Gleichgewichtssinn.

Die Fortbewegung auf dem Fahrrad unter stets ändernden Umweltbedingungen
wird zur erweiterten Koordination aller Sinne.

2.3.3 Psychologische Entwicklungsstufe: Gemeinsam geteiltes Symbolisieren

Die Vorschulkinder lernen im Kindergarten nicht nur ihr Fahrrad zu beherr-
schen, sondern sich Fahrradkultur auf der Stufe der Symbolik anzueignen:
• Josefine mit Down-Syndrom war drei Jahre alt. Ihre Mutter schob den Buggy
  auf dem Fahrradweg. Josefine schüttelte den Kopf „nein-nein-nein" und
  machte mit den Händen die Gebärde für das Fahrradfahren. Josefine war sich
  der Symbolik des Fahrradwegschildes bewusst.

Im Kindergarten lernen die Kinder im Rollenspiel sich als Verkehrsteilnehmer
zu verhalten:
• Frank (4 Jahre) spielt mit seinem Fahrrad Autofahrer „Brumm-Brumm-
  Brumm".
• Maxi (5 Jahre) hat Down-Syndrom. Er ist Polizist im Rollenspiel und im Sujet-
  spiel.
• Jan spielt mit seinem Roller Feuerwehr „Tatü-Tata".
• Hanna und Jule spielen Krankenschwester bei einem Verkehrsunfall.
• Der Verkehrskasper kommt in den Kindergarten und in die Schule. Er macht
  alles Mögliche falsch. Er geht zum Beispiel bei dem Symbol der Ampel „Rotes
  stehendes Männchen" über die Straße und bleibt stehen bei dem Symbol
  „Grünes gehendes Männchen". Die Kinder verbessern ihn schreiend:
  „Halt Kasper, halt! Geh Kasper, geh!"
  Der Polizist hat beobachtet, dass Räuber Hotzenplotz Reifen auf seinen Laster
  lädt. Hotzenplotz muss erklären, woher er die Reifen hat. Der Polizist glaubt
  Hotzenplotz nicht, dass er die Reifen von einem Schrottplatz hat.
  Dann kommt Kasper. Er glaubt Hotzenplotz. Er spricht mit dem Polizisten.

2.3.4 Unterrichtsbeispiel aus dem Buch „Interesse – Handeln – Erkennen in der Schule": Vorschulkinder lernen im Unterricht ihre Erfahrungen im Straßenverkehr zu symbolisieren

Bevor es die Schrift und die Ziffern gab, verständigten sich die Menschen mithilfe von Symbolen. Diesen Entwicklungsweg der Phylogenese wiederholen die Kinder einer Vorschulklasse im handelnden Unterricht über Verkehrserziehung.

Damit die Erkenntnisse, die die Kinder aufgrund sinnlicher Erfahrungen machen, ihnen selbst Reflexions- und Handlungsgegenstand werden, ist es notwendige Voraussetzung, dass sie ihre gesammelten Erfahrungen in eine Form bringen, die sich nicht verflüchtigen kann, die standhält.

Indem sich die Kinder vergegenständlichen, lernen sie selbst Bewusstsein, d.h. Selbstbewusstsein zu entwickeln; denn erst durch die Vergegenständlichung wird die Distanz entwickelt, die Selbstreflexion ermöglicht. Wenn die

Kinder ihre Bewusstseinsinhalte (Empfindungen, Wahrnehmungen, Erinnerungen und Gedanken) in von ihnen geschaffenen Formen bringen, die sie anschauen können, über die sie nachdenken können, mit denen sie handeln und interagieren und sich den anderen Kindern vermitteln, werden sie in ihrem eigenen Sinn tätig und haben Bedeutung für die anderen Kinder. In dieser Tätigkeit für sich und für die anderen Kinder lernen sie, sich die Mittel ihrer Umwelt ihren Bedürfnissen entsprechend anzueignen.

Im gemeinsamen Handeln erfahren sie Widersprüche. Die Lösung der Widersprüche gelingt, wenn sie von gleichen und unterschiedlichen Erfahrungen abstrahieren lernen. Diese Abstraktionen sind z.B. Zeichen, Begriffe. In dem Maße, wie die Kinder für sich und die anderen tätig sind, erlangen sie die Fähigkeit, sich selbst aktiv mit der Umwelt auseinanderzusetzen.

In Bezug auf das Erlernen von Zeichen über Symbole ist es notwendig, dass der Unterricht nicht so aufgebaut ist, dass der Pädagoge die Kinder mit Symbolen und Zeichen der Erwachsenen konfrontiert und den Kindern deren Sinn erklärt, sondern er strebt an, dass die Kinder selbst die Notwendigkeit von Symbolen und Zeichen erkennen und sie selbst entwickeln. Kinder, die nicht selbst Zeichen als Abstraktion ihres Handelns entwickelt haben und deren Erziehung sich darauf beschränkt, dass sie die Bedeutung der Symbole und Zeichen der Erwachsenen übernehmen und darauf reagieren lernen, können die Symbole und Zeichen, die sie vorfinden, nicht als Ergebnis geschichtlich gewachsener menschlicher Tätigkeit verstehen, sondern nehmen sie als naturgegeben hin. Damit die Kinder die Symbole und Zeichen als etwas Geschaffenes und Veränderbares erfahren, ist es notwendig, dass sie selbst Symbole und Zeichen schaffen und sich fragen lernen, „welchen Sinn hat dieses Symbol, hat dieses Zeichen, wem dient es, verstehe ich es richtig ..." So erkennen die Kinder den Sinn von Symbolen und Zeichen als etwas, das bestimmte Menschen aufgrund bestimmter Bedürfnisse geschaffen haben.

Die Aneignung der Schrift unterscheidet sich prinzipiell nicht von der Aneignung von Arbeitsmitteln zur Herstellung von Gegenständen. Schreiben lernen bedeutet die Aneignung und Anwendung einer menschlichen Errungenschaft zum Zwecke der Bedürfnisbefriedigung.

Wie das Kind den Sinn und die Funktion von Arbeitsmitteln erkennen muss, wenn es sie richtig einsetzen will, so muss es auch den Sinn und die Funktion der Schrift kennen, wenn es sie anwenden will. Schreiben lernen ist daher nicht Abschreiben lernen und sollte nicht mit sinnlosen Schwungübungen beginnen. Vielmehr ist es wichtig, den Kindern die Tatbestände zu vermitteln, die für die Entwicklung der Schrift notwendig waren und es für ihre Weiterentwicklung sind:

• Schaffung von Zeichen
• Einigung von Zeichen
• Anwendung von Zeichen

Es genügt nicht, den Kindern verbal zu vermitteln, dass sich im Laufe der Geschichte bei verschiedenen Völkern unterschiedliche Schriftzeichen entwickelt haben, und dass diese zunehmend vereinfacht wurden, sondern dieser Inhalt wird den Kindern dann vermittelt, wenn sie selbst – zwar sehr verkürzt – Zeit bekommen, eigene Zeichen zu schaffen, den Prozess der Einigung untereinander als notwendig erfahren und diese Einigung zu erreichen suchen, um nach Zeichen handeln zu können.

Den Kindern sollte im Schreibunterricht vermittelt werden, dass das Geschriebene dem Zweck dienen soll, den Menschen Erkenntnisse zu vermitteln, die für sie wichtig sind. Das Wichtigste am Schreiben lernen ist nicht die Aneignung der lateinischen Buchstaben und Rechtschreibregeln, sondern das Bewusstwerden der Notwendigkeit der Schrift. Wenn die Kinder Texte abschreiben oder Schönschrift getrennt von jedem Inhalt pflegen, wird ihnen die Verantwortung für das, was sie schreiben, abgenommen, weil nur darauf geachtet wird, wie sie schreiben. Die Kinder sollen die Möglichkeiten der Schrift, Interessen durchzusetzen und die Gefahren der Schrift und sie als ein Ausdrucksmittel unter anderen, wie z.B. Malen, Filmen, Fotografieren, Komponieren verstehen, das sich im Laufe der Geschichte weiterentwickeln wird. Heute wird das Internet als Ausdrucksmittel immer wichtiger.

Den Lehrern von Vorschulklassen und ersten Schuljahren geht es oft in erster Linie darum, dass die Kinder so schnell wie möglich sauber und gut leserlich schreiben lernen. Was ist das Wesentliche einer solchen Schreiberziehung? Die Kinder werden mit Zeichen auf hohem Abstraktionsniveau konfrontiert, ohne dass ihnen vorher die Funktion eines Zeichens bewusst geworden ist. Vor der Vermittlung der lateinischen Buchstaben sollten die Lehrer feststellen, auf welchem Abstraktionsniveau sich die Kinder hinsichtlich des Schreibens befinden. Hierzu ist es notwendig, dass Situationen geschaffen werden, in denen das Schreiben für die Kinder notwendig wird, bevor sie die lateinische Schrift kennengelernt haben. Anstatt dem Kind zu sagen, dass es noch nicht schreiben kann, sollte man ihm Mut machen, so zu schreiben, wie es seinem augenblicklichen Entwicklungsstand entspricht.

2.3.5 Unterrichtsbeispiel: Vereinbaren gezeichneter Symbole für Verkehrsteilnehmer

Eine Anzahl hoher Ständer und ein Stapel entsprechend großer Verkehrsschilder regen die Kinder zur Beschäftigung an. Nachdem sie ohne Information von Seiten der Pädagogen herausfinden, dass Schilder und Ständer zusammenpassen, drängen sie zur Tür: Sie wollen die Verkehrsschilder an den Straßenrändern aufstellen. Auf den zweifelnden Einwurf der Pädagogin hin beginnt ein engagiertes miteinander Sprechen, dessen Inhalte ausschließlich von den Kindern bestimmt werden und an folgende, z. B. unbeantwortet bleibende Fragen heranführt:

• Wer stellt Verkehrsschilder auf?
• Wo werden sie aufgestellt?
• Fehlen Verkehrsschilder in den den Kindern bekannten Ortsteilen?
• Warum werden Schilder aufgestellt?
• Wem gelten, wem nützen sie?

Zu diesem Zeitpunkt der Auseinandersetzung überlegen die Kinder, wer oder was die Straße einschließlich Rad- und Fußgängerweg ihrer Erfahrung nach benutzen. Die Pädagogin regt an, die Häufigkeit verschiedener Verkehrsteilnehmer während eines Beobachtungsgangs festzustellen und aufzuschreiben. Die Kinder verabreden, das auf der Straße Beobachtete dort aufzuzeichnen. Einigen Kindern erscheint das Zeichnen zu umständlich. Die Lehrerin bestärkt ihren Einwand, indem sie darauf hinweist, dass die Kinder auf der Straße im Stehen ohne Tisch arbeiten, und dass möglicherweise sehr viele Verkehrsteilnehmer notiert werden müssen. Ein Kind schlägt vor, immer etwas „ganz Einfaches" zu

Während der Beobachtung an der Straße notierte Zeichen

malen, d.h. zu symbolisieren. Die meisten Kinder beginnen spontan im Klassenzimmer mit ihren Notizen, indem sie, ohne Absprache mit den anderen, ihre Ideen aufzeichnen und dazu sprechen. Dass die eifrige Arbeit begleitende, den Partner nicht berücksichtigende Sprechen hat eine große Lautstärke zur Folge. Nach einiger Zeit stellen einige Kinder fest, dass sie die Bedeutung der Symbole bei anderen nicht lesen können, auch die eigenen Symbole können sie nicht in jedem Fall erklären.

Die Kinder erkennen, dass alle Symbole einen deutlichen Bezug zum Gemeinten haben müssen, um von ihnen wiedererkannt (gelesen) zu werden, gleichzeitig müssen die Symbole möglichst einfach sein, damit sie von allen (auch von Kindern, denen es Schwierigkeiten bereitet, mit dem Stift zu arbeiten) angewandt (geschrieben) werden können. Jetzt werden verschiedene Symbole für jeweils einen Verkehrsteilnehmer vorgeschlagen, auf denen das – im Sinne der oben genannten Kriterien – brauchbarste ausgewählt und von allen notiert wird. Es entstehen die folgenden Symbole für Fahrzeuge und Fußgänger:

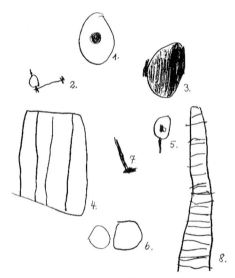

	Zeichen	Bedeutung
1	Rad mit Radkappe	Personenkraftwagen
2	Lenkstange mit Klingel	Fahrrad
3	großes Rad	Lastkraftwagen
4	großes Busfenster	Autobus
5	Blaulicht	Polizeifahrzeug
6	kleines und großes Rad	Trecker
7	Bein	Fußgänger
8	Leiter	Feuerwehr

Vereinbarte Zeichen für Fahrzeuge und Fußgänger

Danach gehen die Kinder gemeinsam zur Beobachtung auf die Straße. Im Verlauf ihrer Beobachtungen wird es notwendig, noch ein weiteres Symbol zu vereinbaren, als Soldaten vorbeimarschieren. Wegen der Vielzahl der beobachteten Soldaten erklären die Kinder übereinstimmend, dass dieses Symbol besonders einfach aussehen muss. Sie abstrahieren das „Bein" für den Fußgänger zum senkrechten Strich.

Auf dem Unterrichtsgang erregt eine unbeschilderte Straßenkreuzung die besondere Aufmerksamkeit der Kinder. Sie gehen zur Polizei und wollen eine Erklärung. Die Verständigung zwischen den Polizisten und den Jungen und Mädchen erweist sich als schwierig, insbesondere, weil der Polizist mehrmals fragt: „Wer hat euch denn geschickt?" Die Kinder wiederholen mit großer Ernsthaftigkeit ihr Anliegen, bis sie die Antwort erhalten, dass der eine Weg ein Privatweg ist und darum nicht gekennzeichnet werden muss.

In den folgenden Unterrichtstagen lernen die Kinder mehr über die Funktion der Verkehrsschilder, finden Beziehungen zwischen Verkehrsteilnehmergruppen und einzelnen Verkehrsschildern heraus, sind nur selten an der genauen Bedeutung eines einzelnen Schildes interessiert, markieren Straßen und Kreuzungen in der Sporthalle und im Pausenhof und beschildern sie, befahren die von ihnen angelegten Straßen als „Autofahrer, Motorradfahrer, Feuerwehrleute" usw. und lassen bei solchen Spielen erkennen, welche große Bedeutung sie dem „Polizeiauto" und der „Feuerwehr" beimessen.[25]

2.3.6 Psychologische Entwicklungsstufe: Gemeinsam geteiltes Lesen

Folgende Unterrichtsideen rund um das Fahrrad bieten sich für Einzelreferate, Gruppenarbeiten und Hausarbeiten an:

- Die Schülerinnen und Schüler fertigen einen Bericht über einen Besuch in einem Fahrradmuseum an, das Fahrräder unterschiedlicher Epochen und Gesellschaftsordnungen ausstellt.
- Sie recherchieren über die Situation der Menschen in Afrika und Indien. Dort tragen heute noch Frauen kilometerweit Wassereimer auf ihrem Kopf, um die Familie mit Trinkwasser zu versorgen.
- Sie machen sich bewusst, dass nicht alle Menschen auf der Erde ein Recht auf ein Fahrrad haben und bringen ihre Solidarität schriftlich zum Ausdruck.
- Sie beschreiben ihre eigenen Erfahrungen mit ihrem Fahrrad bzw. mit ihrem Rollstuhl.
- Sie weisen nach, dass sie die Funktionen des Fahrrades kennen und alles über Handbremse und Rücktritt, die Bedienung der Gangschaltung, die Beleuchtung, die Klingel, Reifenwechsel usw. wissen.

In welchen Stufen wir den Text „Das Fahrrad" für Kinder mit Leseproblemen erarbeiten, wurde exemplarisch am Beispiel „Der Uhu ist bedroht" dargestellt.

Maxi zum Beispiel schreibt nach dem Rollenspiel als Polizist alle wichtigen Begriffe mit Kunststoffbuchstaben auf.

Ein Beispiel aus der Lektüre „Das Fahrrad"

LLL LAUFRAD LANDSTRAßE Karl-Friedrich von Drais hat das Laufrad erfunden. Er war mit seinem Rad schneller als die Pferde.	Das 19. Jahrhundert Der Forstmeister Freiherr Karl Friedrich von Drais hatte sich ein vierrädriges Laufrad gebaut. Doch auf den holprigen Landstraßen kam er damit nur mühsam vorwärts. Daher schnitzte er sich ein einspuriges Laufrad. Dies führte er zum ersten Mal 1816 in Mannheim vor. Wenn die Menschen ihn mit seinem Laufrad sahen, verspotteten sie ihn. Um die Bedeutung seiner Erfindung zu beweisen, fuhr er mit einem Pferdefuhrwerk um die Wette. Er war viermal schneller. Die Pferdehändler waren seine Feinde. Sie fürchteten das Laufrad, weil es billiger war als ein Pferd und kein Futter brauchte.

Die Kunsthalle in Stockholm stellte das Fahrrad-Rad von Duchamp aus.

Marcel Duchamp – Eneas De Troya from Mexico

Duchamp: „Das Fahrrad-Rad ist mein erstes Readymade; so sehr, dass es zuerst gar nicht ‚Readymade' genannt wurde. Es hatte wenig mit der Idee des Readymades zu tun. Es hatte vielmehr mit der Idee der Chance zu tun. […] Das Rad zu drehen war sehr wohltuend, sehr beruhigend, eher eine Art Öffnung von Wegen zu anderen Dingen, als das materielle Leben jeden Tag. Mir gefiel die Idee, ein Fahrrad-Rad in meinem Atelier zu haben. Ich schaute gerne darauf, genauso wie ich es mag, die tanzenden Flammen in einem Kamin zu betrachten. Es war, als hätte ich einen Kamin in meinem Atelier, die Bewegungen des Rades erinnerten mich an die Bewegungen von Flammen."[26]

„Dieser komische Apparat hatte keinen anderen Zweck, außer den Kunstcharakter loszuwerden. Ich nannte es nicht ein Kunstwerk, noch betitelte ich es sonst wie. Ich wollte die Sehnsucht Kunstwerke zu schaffen abstreifen. Warum sollten sie statisch sein? Das Ding, ich meine das Fahrrad-Rad, hatte ich, bevor ich eine Idee hatte."[27]

Im Musikunterricht hören und sehen sich die Schülerinnen und Schüler den Song und das Video über das Fahrrad an:
• Queen „Bicycle Race",
• Peter Petrel „Ich fahr so gerne Rad" oder
• Die Prinzen „Mein Fahrrad".

2.4 Unterrichtseinheit „Jeder Mensch will lesen"

Die Brille ist eine Linse, die den Brillenträgern ermöglicht, ein scharfes Bild ihres Sehfeldes auf dem Augenhintergrund zu entwickeln. Sie korrigiert Kurzsichtigkeit und Weitsichtigkeit.

Die Lektüre „Jeder Mensch will lesen" zeigt exemplarisch, dass Kulturgegenstände immer nur historisch und sozial zu begreifen sind.

Während im Mittelalter nur die alten Mönche in den Klöstern mit dem Lesestein die Bibeltexte studierten, lesen in Deutschland heute die meisten Menschen mit Kontaktlinsen oder mit modischen Bügelbrillen, wenn sie kurzsichtig oder weitsichtig sind.

Das Recht auf eine notwendige geschliffene Brille für jeden Mitbürger wurde in unserem Land im 19. Jahrhundert durchgesetzt.

Alle Kinder haben zurzeit in Deutschland noch ein Recht auf eine Kassenbrille. Eine leichte entspiegelte modische Gleitsichtbrille wird hingegen von den Ersatzkassen in der Regel nicht bezahlt. Nicht alle Eltern können sich in unserer Gesellschaft diesen Luxus leisten.

Da heute in jeder Schulklasse fast alle Kinder eine Brille tragen müssen, ist es für sie wichtig zu begreifen, wie die Brille bei ihnen wirkt.

Alle vom Augenarzt verschriebenen Brillen sind unterschiedlich, weil jedes Kind individuelle Augenprobleme hat. Um dies zu entdecken, bekommen die Kinder die Möglichkeit, sich unterschiedliche alte Brillen, die sie von zu Hause mitgebracht haben, aufzusetzen. Nach diesen Versuchen tauschen sie ihre Erfahrungen aus:

- „Durch diese Brille sehe ich alles verschwommen."
- „Durch diese Brille sehe ich nur vorne alles ganz groß."

Für Kinder mit Down-Syndrom ist die Unterrichtseinheit „Die Brille" von besonderer Bedeutung. Aufgrund ihrer hypothonen Augenmuskulatur haben sie in der Regel Sehschwächen. Für den Augenarzt ist es nicht leicht, die genaue Sehstärke festzustellen, da die Kommunikation zwischen ihm und den Kindern schwierig ist. Für den Optiker ist es ebenfalls nicht leicht, die Brille so anzupassen, dass eine optimale Sehschärfe erreicht wird. Lisa trägt die Brille z. B. immer so, dass sie über den Brillenrand schaut. Das ist ein Zeichen dafür, dass der Sitz der Brille korrigiert werden muss.

Um die Geschichte der Brille nachzuverfolgen, besucht die Klasse ein Brillenmuseum. Wenn eine Brillenfabrik im Ort ist z. B. Rodenstock in München, schauen sie sich die Produktion von Brillen an. In einem Brillengeschäft erklärt ihnen ein Optiker seine Arbeit. Außerdem sehen sie Lehrfilme, die über die Herstellung der Brille berichten.

Es gibt zurzeit auf der Erde noch viele Länder, in denen sich die arme Bevölkerung keine Brille leisten kann.

2.4.1 Psychologische Entwicklungsstufe: Gemeinsam geteiltes Empfinden

Manche Kinder tragen die Brille vom ersten Tag an gern. Es ist für sie lustvoll, eine Brille zu tragen. Für Tim begann mit der Brille ein neues Leben. Er wurde in die Schule für seelenpflegebedürftige eingeschult, weil er in den Einschulungstests versagt hatte. Erst im vierten Schuljahr stellte sich heraus, dass er nicht geistig behindert sondern sehbehindert war.

Für manche Kinder ist das Tragen der Brille mit Unlust verbunden. Die Brille rutscht von der Nase, sie kneift am Ohr, sie drückt. Für Susanne war es eine Erleichterung, die Brille abzunehmen. Sie konnte in der Tat sowohl in der Nähe als auch in der Ferne am besten ohne Brille sehen. Das wurde leider erst nach unserem Experiment von einem Augenarzt bestätigt.

2.4.2 Psychologische Entwicklungsstufe: Gemeinsam geteiltes Wahrnehmen

Vielen Kindern ist nicht bewusst, dass sie nur mit den Augen sehen. Als ich sie nach dem Tastsinn fragte: „Wie fühlt sich der Gegenstand an?", antworteten sie zu meinem Erstaunen: „Der Baumstamm fühlt sich grün an", „Der Ball fühlt sich rot an" Danach befragte ich sie mit verbundenen Augen. Sie sagten dann:

„Jetzt weiß ich nicht, wie der Ball aussieht." Nach diesen Erfahrungen machten sie sich erst die Bedeutung der Augen für das Sehen bewusst.

Die Kinder lernen, auf welche Weise die Brille Fehlsichtigkeit korrigiert. Zu diesem Zweck machen sie im Unterricht Experimente mit konkaven und konvexen Linsen.

Um z. B. konkave und konvexe Linsen unterscheiden zu können, müssen sie ihren Tastsinn benutzen. Sie stellen sich die Frage: „Welche Linsen sind in der Mitte dicker als am Rand?" So erkennen sie die konvexen Linsen. „Welche Linsen sind am Rand dicker als in der Mitte?" So erkennen sie die konkaven Linsen.

Sie beobachten, wie das Licht durch die Linsen zu einem Brennpunkt gesammelt oder zerstreut wird. Mit Sonnenlicht und einem „Brennglas" entzünden sie Papier. Sie betrachten die Vergrößerungen von Gegenständen und Abbildungen mit einer Lupe und einem Mikroskop. Wenn sie in eine Kugelvase Wasser füllen, erscheinen alle Gegenstände hinter der Vase auf dem Kopf. Auch in einer selbst gebauten Lochkamera erscheinen die Gegenstände auf dem Kopf.

Unter dem Mikroskop können sie sich z. B. Haare, Federn und kleine Insekten anschauen:

Auf einem Schulausflug nehmen sie Ferngläser mit. Julian schaut aus dem Fenster und liest die Nummernschilder der Autos.

2.4.3 Psychologische Entwicklungsstufe: Gemeinsam geteiltes Symbolisieren

Im Mittelalter hat sich Leonardo da Vinci das Sehen folgendermaßen erklärt:

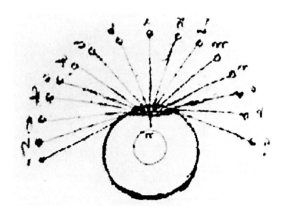

Leonardo da Vinci: „Das Auge hat eine einzige Zentrallinie, und alle Dinge, welche durch diese Linie zum Auge gelangen, werden gut gesehen."

Die Kinder lernen im Unterricht mithilfe einer Abbildung alle Begriffe, die den Sehvorgang erklären.

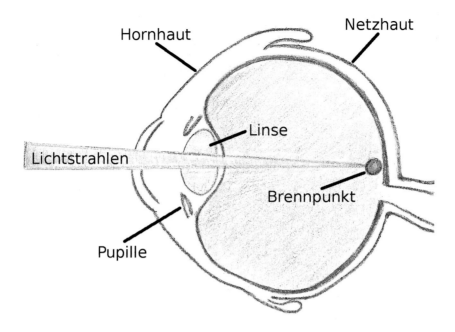

Außerdem wird ihnen anhand von Abbildungen die Normalsichtigkeit (s.o.), die Weitsichtigkeit und die Kurzsichtigkeit erklärt.

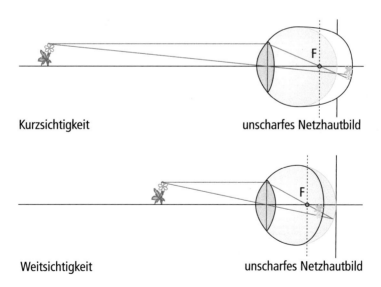

101

2.4.3.1 Fotokurs

In einem Fotokurs experimentieren Kinder unserer Praxis mit Fotopapier. Sie fertigen Fotogramme an.

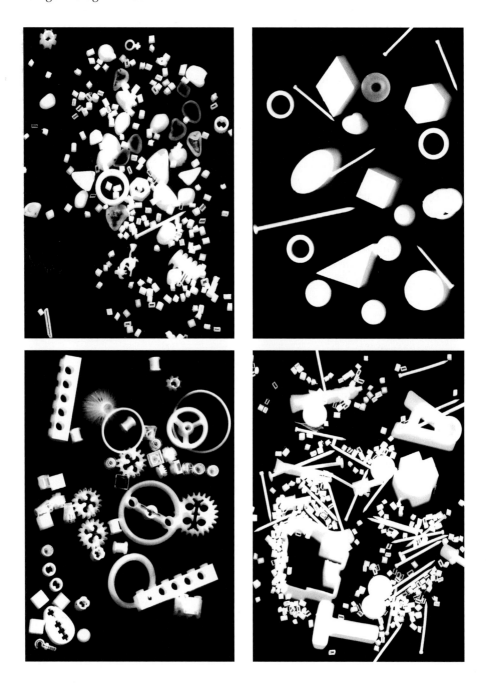

2.4.4. Psychologische Entwicklungsstufe: Gemeinsam geteiltes Lesen

Nachdem die Schülerinnen und Schüler im Unterricht die Bedeutung der Brille für das Sehen erarbeitet haben, bekommen sie die Möglichkeit, in Form von Referaten den Sinn und die Bedeutung, die ihre Brille für sie hat darzustellen.

• Die Erfahrungen, die sie zum Beispiel beim Herstellen einer Lochkamera gemacht haben, halten sie in einem Sammelband fest.
• Sie beschreiben die Bedeutung eines Fernglases bei einem Ausflug in die Natur.
• Sie stellen ihr Staunen über die Möglichkeiten, die ein Mikroskop bietet, schriftlich und in Form von Referaten dar.
• In einer Werkstatt für Menschen mit Behinderung haben Mitarbeiterinnen und Mitarbeiter ihre Erfahrungen aufgeschrieben, die sie in einem Fotokurs gemacht haben. Sie schreiben über das Fotopapier, das Objektiv, die Kurzsichtigkeit und die Weitsichtigkeit. Ausschnitte sind auf den nächsten Seiten abgebildet.
• Sie schreiben Texte über die Brille als Sehhilfe.
• Sie schreiben über die Herstellung der Lochkamera, die sie als „Sehmaschine" begreifen.

Der Fotokurs

CLAUS - DIETER.
SZCZECH

Das Fotopapier

Das Fotopapier ist lichtempfindlich. Es ist auf einer Seite mit feinem Silberstaub beschichtet. Dieser Silberstaub wird schwarz, wenn Licht drauffällt. Bei rötlichem Licht ist das Fotopapier unempfindlich. Darum arbeiten wir in einem dunkeln Raum bei rotem oder gelbem Licht. Wir haben Gegenstände auf die lichtempfindliche Seite des Fotopapiers gelegt. Wir haben dann für wenige Sekunden das Fotopapier belichtet. Nach der Belichtung kommt das Papier in ein Entwicklungsbad.

Das Objektiv

Das Objektiv ist das Auge der Fotokamera. Jedes Objektiv hat eine Blende. Die Blende ist eine Öffnung, durch die Licht fällt. Die Blende kann man je nach vorhandenem Licht verstellen. Bei viel Licht, z.B. Sonne, benutzen wir eine kleine Blende. Bei wenig Licht müssen wir die Blende weit öffnen. Wir bestimmen mit der Blende, wie viel Licht auf den Film fällt. Sie heißt Irisblende. Die Irisblende arbeitet so wie die Iris in unserem Auge. Daher hat sie ihren Namen.

Die Kurzsichtigkeit

Der Augapfel bei kurzsichtigen Menschen ist zu lang. Sie sehen Objekte, die weit weg sind unscharf, weit entfernte. Dinge werden auf der Netzhaut unscharf. Das Bild wird vor der Netzhaut abgebildet. Die Brille ist eine Linse. Sie rückt das Bild auf ihren Platz, auf die Netzhaut. Das Bild ist scharf.

Die Weitsichtigkeit

Bei Weitsichtigen Menschen ist der Augapfel zu kurz. Sie sehen Objekte die dicht dran sind unscharf. Das scharfe Bild wird hinter der Netzhaut abgebildet.

In welchen Stufen ich den Text „Die Brille" für Kinder mit Leseproblemen erarbeite, wurde exemplarisch am Beispiel „Der Uhu ist bedroht" dargestellt.

Ein Beispiel aus der Lektüre „Die Brille"

N N N

Nagel Nietbrille

Die Mönche nieten zwei
Lesestäbe zusammen.
Sie erfinden die Nietbrille.

Im 13. Jahrhundert kommt in Venedig
jemand auf die Idee, zwei Lesesteine mit
gestielten Ringen zu fassen und die Stiele
zusammen zu nieten. Er hat die erste Brille,
die „Nietbrille", erfunden. Zu dieser Zeit ist
die Nachfrage nach Brillen in Europa noch
sehr gering. Bücher können nur Gelehrte
und Geistliche lesen.

Die Brillen werden hauptsächlich an Kirchen
und Klöster geliefert. (Solche Brillen werden
1953 im Kloster Wienhausen bei Celle
gefunden).

In dieser Zeit wachsen die Dörfer zu
Städten.

Für den Bildhauer Giacometti spiegelt sich das Wesen der Menschen in ihren Augen wider. Dabei erkannte er, dass das Wesen der Augen der Blick ist:

„Eines Tages, als ich ein junges Mädchen zeichnen wollte, hat mich eine Sache verblüfft, das heißt, ich habe plötzlich gesehen, dass das einzige, was Leben besaß, der Blick war. Man will zwar einen Lebenden modellieren, doch was den Lebenden lebendig macht, ist ohne Zweifel sein Blick."[28]

> So wie wir die Welt sehen, so sind wir.
> Die Welt ist so, wie wir sie sehen.

3 Nachwort

- „Sie arbeiten mit einer marginalen Minderheit."
- „Irgendwann gibt es dies Problem so gut wie nicht mehr."
- „Die neuen Bluttests sind ein weiterer Schritt in die richtige Richtung."
- „Wollen Sie denn allen Ernstes, dass sich immer mehr Eltern entschließen, diese Kinder nicht abzutreiben in der Hoffnung, dass doch noch was draus werden könnte?"

Diese Sätze höre ich immer wieder. Sie klingen so, als ob es sich um irgendwelche Küchengeräte oder Fahrzeuge handelt, die endlich ausrangiert werden müssen, weil sie den gesellschaftlichen Qualitätsstandards nicht entsprechen.

Die Schöpfung bringt die unendliche Vielfalt aller Wesen hervor. Als Kind habe ich mir vor dem Einschlafen das Kinderlied vorgesungen: „Weißt du wie viel Sternlein stehen an dem blauen Himmelszelt?" Die Zeile „Kennt auch dich und hat dich lieb, kennt auch dich und hat dich lieb," war die schönste von allen.

Prof. Palos sagt: „Vygotskij muss man mit dem Herzen lesen." Zu Lebzeiten hatte Vygotskij das Ziel den taubblinden Kindern den Weg in die Gesellschaft zu ebnen, damit sie alles lernen und alles werden können, wie die anderen Kinder. Er gründete die Schule in Sagorsk mit dem Ziel die Taubblindheit nicht als biologisches Schicksal zu sehen, sondern als eine soziale Aufgabe für Ärzte, Lehrer, Wissenschaftler, Therapeuten, Politiker und Eltern. Sein Denken ist im Einklang mit der Schöpfung. In Bezug auf das Down-Syndrom würde er heute m.E. folgender Meinung sein:

„Alle eindeutig psychologische Besonderheiten des Kindes *mit Down-Syndrom* sind ihrer Grundlage nach nicht biologischer, sondern sozialer Natur. Möglicherweise ist die Zeit nicht mehr fern, da die Pädagogik es als peinlich empfinden wird, von einem Kind *mit Down-Syndrom als einem geistig behinderten Kind* zu sprechen, weil das ein Hinweis darauf sein könnte, es handele sich um einen unüberwindbaren Mangel seiner Natur. In unseren Händen liegt es, so zu handeln, dass das gehörlose, das blinde, das schwachsinnige Kind nicht behindert ist. Dann wird auch das Wort *Behinderung* verschwinden, das wahrhafte Zeichen für unsere eigene *Behinderung*."[29]

Diese Kinder sind zurzeit der Maßstab, an dem wir das gesamte Bildungswesen messen müssen. Alle Menschen müssen jeden Tag das Leben gegen den Tod verteidigen. Das ist wohl die schwierigste Aufgabe, die wir hier auf der Erde bewältigen. Solange ein Mensch diese Herausforderung annimmt, hat er unsere Achtung verdient. Dies gilt besonders für Menschen, die unter der sie umgebenden Unkultur zu leiden haben.

„Nie wird es mir gelingen, in ein Porträt die ganze Kraft zu legen, die in einem Kopf ist. Allein die Tatsache zu leben, erfordert schon einen solchen Willen und eine solche Energie."[30]

Solange auch nur ein Kind in unserer Gesellschaft als nicht bildbar angesehen wird und um sein Leben gebracht wird, bevor es überhaupt begonnen hat sich zu entfalten, sind alle anderen Kinder auch gefährdet.

Vygotskij hat die psychische Metamorphose der menschlichen Entwicklung gesehen. Sie ist das Fundament meiner Arbeit geworden. Wenn Lehrerinnen und Lehrer ihren Unterricht so organisieren, dass sie alle psychologischen Entwicklungsstufen der Ontogenese der Kinder berücksichtigen, dann beginnen sie mit dem gemeinsam geteilten lernen.

- Alle Kinder können dann am Unterrichtsgeschehen teilnehmen.
- Alle Kinder können sich entwickeln und jedes Kind auf seine Weise, jedes nach seiner ureigensten Bestimmung.
- Wenn der Maßstab gilt, dass alle Kinder mit Erfolg lernen können, ist die Normalverteilung der Kinder in hochbegabte, mittelmäßigbegabte und unbegabte aufgehoben.
- Das Wort „Inklusion" wird dann im Sinne von F. Hegel zum Begriff, wenn es gelingt, das erfolgreiche Lernen aller Kinder im Unterricht in die Tat umzusetzen.

Vom jetzigen Stand der wissenschaftlichen Erkenntnis handelt es sich nicht um einen nicht zu realisierbaren Traum, sondern um eine reale Möglichkeit, die längst bewiesen ist.

Lotta hat das Waldhaus und die Schatzinsel auf den Tisch gestellt. In dem Waldhaus wohnen die Elfenfamilie und ein Einhorn. Die bösen Feen wohnen im Wald. Lotta nimmt das Baby und lässt es durch die Kellerluke fallen. „Das Baby muss weg, weg, weg. Es muss in die Höhle. Es schreit. Keiner hört das Baby. Gar keiner."
Nun unterhalten sich eine Fee und das Einhorn. Lotta hält das Einhorn in der Hand: „Weißt du was wir machen? Wir wollen auf die Insel. Wir wollen weg. Wir sind zwei Schwestern. Wir nehmen das Boot."
Sie setzt das Einhorn und die Elfe in das Boot. Sie fahren über den Tisch. Sie steigen aus. Lotta sagt: „Hier sind andere Kinder." Lotta flüstert: „Die beiden Schwestern möchten allein sein. Leider ist die eine Schwester kein richtiger Mensch."
Sie schaut mich mit ernsten großen Augen an: „Leider."
Ich antworte: „Das Einhorn ist eine verwunschene Prinzessin."
Lotta schaut völlig entspannt und lächelt: „Ach ja?"

Ich denke an den Kniefall von Warschau.
Versöhnung.

Die Juden ,die Roma und die Sinti habe Wiedergutmachung bekommen. Die Eltern, die ihre Kinder mit Down-Syndrom verloren haben, nicht. Heute noch werden sie im neunten Monat mit intrauteriner Herztodspritze abgerieben.

Der Kniefall ist d a s Symbol für die Bitte um Versöhnung.

Quellen und Literatur

1 Vygotskij, L.S.: Zur Psychologie und Pädagogik der kindlichen Defektivität. In: Die Sonderschule. Jg. 1975. Heft 2. Volk und Wissen, Berlin (DDR)

2 Mandela, Nelson: Meine Waffe ist das Wort. Kösel-Verlag, München 2013

3 Iljenkow, E.: Die Herausbildung der Psyche und der Persönlichkeit: Ergebnisse eines Experiments. In: Demokratische Erziehung 3 (1977) Heft 4

4 Hegel, G. W. F.: Wissenschaft der Logik, die Lehre vom Sein (1832). Felix Meiner Verlag, Hamburg 2008, S. 101

5 Heisenberg, Werner: Der Teil und das Ganze. R. Piper & Co Verlag, München 1969

6 Hawking, Stephen: Eine kurze Geschichte der Zeit. rororo, Reinbek bei Hamburg 2012

7 Knapp, Natalie: Der Quantensprung des Denkens. rororo, Reinbek bei Hamburg 2011. aus: anders denken lernen. © Oneness Center Publishing, Bern 2008

8 Palmer, Mary Lisa /Chaussende, Francoise (Hrsg.): Alberto Giacometti: Gestern, Flugsand – Schriften. Scheidegger und Spieß, Zürich 2006

9 Keulen Konstantin und Kornelius / Kosog S.: Zu niemanden ein Wort. Piper Verlag, München Zürich 2004

10 Goethe, Johann Wolfgang von: Werke – Hamburger Ausgabe Bd. 3, Dramatische Dichtungen I, Faust I. dtv, München 1982

11 Basaglia, Fronco / Foukault, Michel / Castel. Robert u. a.: Befriedungsverbrechen. Europäische Verlagsanstalt, Frankfurt a. M. 1980

12 Manske, Christel: Interesse – Handeln – Erkennen in der Schule. Edition 2000, Gießen 1973

13 Vygotskij, L. S.: Ausgewählte Schriften Band 2. Pahl-Rugenstein Verlag, Köln 1987

14 Levi, Primo: Ist das ein Mensch? Aus dem Italienischen von Heinz Riedt. Aus: Primo Levi, Ist das ein Mensch / Die Atempause. © Carl Hanser Verlag, München 1988

15 Kant, I.: Kritik der reinen Vernunft, in: Theoretische Philosophie, Band 1. Suhrkamp, Frankfurt 2004

16 Manske, Christel: Interesse – Handeln – Erkennen in der Schule. Edition 2000, Gießen 1973

17 Schweitzer, Albert: Ehrfurcht vor den Tieren. Beck'sche Reihe, München 2006

18 Leontiev, Aleksej N.: Probleme der Entwicklung des Psychischen. Verlag Volk und Wissen VEB, Berlin 1971 (kursive Einschübe von der Autorin)

19 Manske, Christel: Das Down-Syndrom: Begabte Kinder im Unterricht, DVD. Filmsortiment.de, Hamburg 2011

20 Theil, Harald: Bild und Gefäß: Studien zu den Gefäßkeramiken Pablo Picassos. Dissertation Uni Heidelberg, Heidelberg 2006

21 Manske, Christel: Die Ewigkeit ist jetzt: pädagogische Gleichnisse. Beltz, Weinheim 1993

22 Manske, Christel: Interesse – Handeln – Erkennen in der Schule. Edition 2000, Gießen 1973

23 Kindersendung „Löwenzahn Classics 085 – Peter entdeckt den Fliegensalto"

24 Erhardt, Heinz: Die Made. Aus: Das große Heinz Erhardt Buch. © Lappan Verlag, Oldenburg 2009

25 Manske, Christel: Interesse – Handeln – Erkennen in der Schule. Edition 2000, Gießen 1973

26 Duchamp, Marcel: Aus einem 1960 geführten Interview mit dem Mailänder Galeristen und Kunsthistoriker Arturo Schwarz

27 Hopp-Sailer, R. in: Hilbk, Michael / Schneider, Nikolaus (Hrsg): Ressourcen: Aus welchen Quellen lebt der Mensch? LIT Verlag, Berlin 2011

28 Palmer, Mary Lisa /Chaussende, Francoise (Hrsg.): Alberto Giacometti: Gestern, Flugsand – Schriften. Scheidegger und Spieß, Zürich 2006

29 Vygotskij, L.S.: Zur Psychologie und Pädagogik der kindlichen Defektivität. In: Die Sonderschule. Jg. 1975. Heft 2. Volk und Wissen, Berlin (DDR) (kursive Einschübe von der Autorin)

30 Genet, Jean.: Alberto Giacometti. Verlag Ernst Scheidegger, Zürich 1962

Danksagung

Prof. Dr. Stephan Palos danke ich.
Seine Weisheit und sein Wissen sind für die Menschen, die ihn kennen, so selbstverständlich, wie die Sonne die morgens aufgeht. Seine Zuneigung zu den Kindern mit Down-Syndrom ist für mich dennoch besonders.

Er hatte das Buch „Jenseits von Pisa – Lernen als Entdeckungsreise" aufgeschlagen:
„Jedes Foto von den Kindern sollte in der nächsten Veröffentlichung ganzseitig abgebildet werden. Schauen wir genau hin. Dieses Kind ist in der Gegenwart. Es urteilt nicht. Es denkt nicht an sich. Es ist anwesend. Anwesend zu sein, können wir von diesen Kindern lernen. Jesus hat gesagt, dass wir wie die Kinder werden müssen, wenn wir in den Himmel gelangen wollen. Diese Kinder sind der Himmel."

6 Zusammenfassung

Seit 2008 hat sich Deutschland verpflichtet, die Inklusion auch für Menschen mit Down-Syndrom in der Gesellschaft zu verwirklichen. Für die Kinder bedeutet dies, dass sie in allen Bildungseinrichtungen erfolgreich lernen können. Dies setzt eine Umstrukturierung der Lernmethoden und der Lerninhalte in Kindergärten, Schulen und Universitäten voraus. In diesem Buch wird der Frage nachgegangen, wie das gemeinsame Lernen von Kindern mit und ohne Down-Syndrom verwirklicht werden kann.

Im „Handelnden Unterricht" werden in jeder Unterrichtsstunde die psychologischen Entwicklungsstufen Kleinkind, Vorschulkind und Schulkind angesprochen:
• Das Kleinkind handelt mit Gegenständen.
• Das Vorschulkind symbolisiert die Handlungen, indem es sie malt oder nachspielt.
• Das Schulkind schreibt sie auf.
Auf diese Weise durchlaufen alle Kinder in einer Unterrichtsstunde die wesentlichen unterschiedlichen psychologischen Entwicklungsstufen. Kein Kind wird vom Lernen ausgeschlossen.

Die Kinder mit Down-Syndrom scheitern im herkömmlichen Unterricht, weil sie wesentlich ihr Denken auf ihre Erfahrung aufbauen. In einer Testsituation werden Kindern die Abbildung eines Hauses vorgelegt. Das Haus hat einen spitzen Giebel und ein Fenster. Die Frage lautet: „Was fehlt hier?"

Die Kinder ohne Down-Syndrom ahnen, was ich von ihnen hören will. Sie stellen sich auf mein Denken ein und antworten: „Die Tür fehlt."

Die Kinder mit Down-Syndrom reagieren in der Testsituation anders. Entsprechend ihrer Erfahrung fehlt an dem Haus nichts. Ich beziehe mich nun bei meiner Frage auf ihre Erfahrung. „Du wohnst in diesem Haus. Du kommst nach Hause. Was machst du?" Das Kind antwortet, in dem es mit dem Finger den Weg um das Haus auf der Abbildung symbolisiert: „Da klingel ich. Dann macht Mama die Tür auf." Ich sage: „Ich dachte, dass du sagen würdest, dass die Tür fehlt." „Es gibt kein Haus ohne Tür." Bei einer dreidimensionalen Abbildung hätten sie vielleicht die Tür vermisst.

Der Testpsychologe fordert Flora, die das Down-Syndrom hat, beim Einschulungstest auf: „Sprich mir nach: Pferd." Flora antwortet: „… frisst Heu." Der Testpsychologe besteht auf die exakte Durchführung des Tests, um zu einer objektiven Bewertung zu kommen. „Sprich mir nach: Pferrrrd." Flora sagt: „Papa ich möchte lieber gehen." Der Vater versucht dem Psychologen zu erklären, dass sie doch mit ihrer Antwort bewiesen hat, dass sie ihn verstanden hat. Der Testpsychologe waltet seines Amtes und bewertet diese Aufgabe als nicht gelöst. Um den Kindern mit und ohne Down-Syndrom gerecht zu werden, müssen Eltern, Erzieher, Lehrer, Psychologen, Professoren von den Kindern lernen.

Summary

Since 2008 Germany has obligated itself to advance the inclusion of people with Down's syndrome. As a consequence children with Down's syndrome should be able to learn successfully in every educational institution. Kindergartens, schools and universities need to restructure their teaching techniques and contents.

In this book the author describes how children with and without Down's syndrome can learn together. The three stages of development – which are toddler, child of preschool age and school child – have to be integrated in every lesson. The toddler interacts with objects. The child of preschool age symbolizes actions by playing or drawing them. The school child writes them down.

With this method every child passes through the different psychological stages of development and none of them is excluded from the learning process. In common lessons children with Down's syndrome failed because their thinking is mainly based on their experiences.

Within a test situation I presented a picture of a house. The house had a gabled roof and a window. I asked the children what they thought was missing. The children without Down's syndrome sensed what I wanted to hear and answered: "The door is missing." The children with Down's syndrome reacted in a different way. Relating to their experiences they answered that nothing was missing. I then asked differently, considering possible experiences: "You are living in this house, you are coming home. What do you do?"

The child answered by moving its fingers to the back of the house. "This is where I ring the bell. Then mum opens the door."

I explained: "I thought that you would say that there is no door." The child answered: "There are no houses without doors."

During a test for her school enrolment a psychologist asked Flora who has Down's syndrome to repeat the word: "Horse." Flora answered: "… eats hay." The psychologist insisted on the correct procedure of the test because he wanted to get an objective result: „Please repeat, horrrse!" Flora turned to her father and said: "Dad, I want to leave."

The father tried to explain to the psychologist that Flora's answer had proved that she had understood him but the psychologist insisted on the standard answer and marked this task as unsolved.

To do justice to children with or without Down's syndrome teachers, parents, child care worker, psychologists and professors need to learn from the children.

Sumário

No ano 2012, a Alemanha se comprometeu a integrar pessoas com síndrome de Down na sociedade. Para as crianças, isso significa que elas podem estudar com sucesso em todos os estabelecimentos de ensino. Exige-se, portanto, uma reestruturação, tanto dos métodos como dos conteúdos de ensino pré-escolar, escolar e universitário.

A autora pesquisa nesse livro, como é possível fazer as crianças com síndrome de Down aprender junto com as que não têm. No âmbito do "ensinamento ativo" durante cada hora da aula, se toma em consideração os níveis de desenvolvimento psicológicos da criança pequena, pré-escolar e escolar.

A criança pequena age com os objetos, a pré-escolar simboliza as ações desenhando ou brincando, já a escolar coloca por escrito.

Dessa maneira todos os alunos da classe passam ao mesmo tempo todos os níveis principais do desenvolvimento psicológico. Ninguém está excluído do processo de aprendizado.

As crianças com síndrome de Down fracassam no ensino convencional, porque a forma de pensar delas esta baseada principalmente na experiência.

Num teste, mostro a algumas crianças a imagem de uma casa. A casa tem paredes, um telhado pontiagudo e uma janela. E então, eu pergunto: "O que falta?". As crianças sem síndrome adivinham o que eu quero como resposta. Orientam-se pelos meus pensamentos e respondem: "Falta uma porta".

As crianças com síndrome de Down reagem diferentes nessa situação. De acordo com sua experiência, nada falta nessa casa. Por isso, reformulo a minha pergunta com referencia a sua experiência: "Você mora nessa casa. Você vem pra casa. O que faz?" A criança responde simbolicamente, seguindo com o dedo o caminho que vai para a casa: "Eu toco a campainha. A mamãe abre a porta". Eu falo: "Eu pensei que você ia falar que falta uma porta nessa casa". "Não há casas sem portas".

Um psicólogo pede a Flora, uma criança com síndrome de Down, durante um teste de admissão escolar: "Repete comigo: Ca-va-lo". Flora diz: ... "come pasto". O psicólogo insiste que ela siga a instrução exatamente, para ele poder chegar numa avaliação objetiva: "Repete: Ca-va-lo". Flora diz: "Papai, eu quero ir".

O pai da menina tenta explicar para o psicólogo que a Flora tinha demonstrado que entendeu a pergunta. O psicólogo nessa situação atua como pede o seu cargo, anotando que a tarefa não foi satisfatoriamente cumprida.

Para satisfazer as necessidades das crianças com e sem a síndrome de Down precisamos respeitar o jeito deles de sentir, perceber, lembrar e pensar. Os cientistas, psicólogos, professores e pais tem a tarefa de mudar esse ponto de vista.

Резюме

С 2012 года Германия обязуется интегрировать в общество людей с синдромом Дауна.

Это означает, что дети получат возможность успешно учиться во всех образовательных учреждениях.

Это обстоятельство подразумевает переструктурирование учебных методов и содержания учебного материала в детских садах, школах и университетах.

Автор книги обсуждает возможности совместного обучения детей с синдромом Дауна и без него.

В рамках каждого „урока, построенного по принципу действия" педагогу следует принимать во внимание такие ступени развития как „малолетний ребенок", „дошкольник" и „школьник".

Малолетний ребенок действует с помощью предметов.

Дошкольник символизирует действия, рисуя или воплощая их в игру.

Школьник записывает их.

Таким образом, все дети проходят одновременно основные психологические ступени развития.

Ни один ребенок не остается в стороне от учебного процесса.

Дети с синдромом Дауна терпят неудачу в рамках традиционного урока, потому что их мышление опирается в основном на приобретенный ими опыт.

Проверяя ребенка, я кладу перед ним рисунок, на котором изображен дом. У дома острая крыша и окно.

Спрашиваю: „Чего здесь не хватает?"

Ребенок без синдрома Дауна догадается, что я хочу услышать. Он подстроится под мои ожидания и скажет: „Не хватает двери".

Дети с синдромом Дауна по-другому среагируют на ситуацию. В соответсвии с их опытом дому ничего не не хватает. Задавая вопрос, я обращаюсь к их опыту:

„Ты живешь в этом доме. Ты идешь домой. Что ты сделаешь, чтобы попасть внутрь?"

Ребенок отвечает, ведя пальцем по дороге, идущей за дом, и символизирует:

„Вон там я позвоню в дверь. И мама откроет."

Я говорю: „Я думала, ты скажешь, что не хватает двери."

„Не бывает домов без дверей", – отвечает ребенок.

Психолог тестирует Флору (с синдромом Дауна) на готовность к школе:
„Повторяй за мной: ло-шадь."

Флора говорит: „Есть сено.“

Психолог настаивает на точном проведении тестирования, чтобы иметь возможность объективно его оценить.

„Повтори: ло-шадь.“

Флора говорит: „Мы с папой лучше пойдём“

Папа девочки пытается объяснить психологу, что Флора доказала своим ответом, что поняла вопрос.

Психолог же настаивает на своем и оценивает это задание как нерешен-ное.

Для того, чтобы удовлетворить требованиям детей как с синдромом Дауна, так и без него, нам нужно уважать то, как они чувствуют, воспринемают, как работает их память и мышление.

Задачей ученых и практиков является переосмысливание.

RESUMEN

En el año 2008 Alemania se comprometió a integrar a personas con síndrome de Down en la sociedad. Los niños pueden, por consiguiente, asistir con éxito a todo tipo de instituciones de enseñanza. Pero esto supone una reestructuración tanto de los métodos como de los contenidos de la enseñanza preescolar, escolar y universitaria.

La autora investiga en este libro cómo pueden aprender juntos los niños con síndrome de down y los que no lo tienen. En la "enseñanza activa", durante cada hora de clase se toman en consideración los niveles de desarrollo psicológicos del niño pequeño, preescolar y escolar.

El niño pequeño realiza acciones con los objetos mismos. El niño preescolar las realiza en el plano simbólico al dibujarlas o imitarlas; el escolar las pone por escrito. De esta manera, todos los niños recorren en una hora de clase los principales niveles del desarrollo psicológico. Ningún niño es excluido del aprendizaje.

Los niños con síndrome de Down fracasan en la enseñanza convencional porque su forma de pensar se apoya básicamente en su experiencia.

En un test les muestro a unos niños la imagen de una casa. La casa tiene una pared que termina en punta y una ventana. Les pregunto a los niños: "¿Qué falta?" Los niños sin síndrome de Down adivinan lo que quiero como respuesta. Se orientan por mi pensamiento y contestan: "Falta la puerta".

Los niños con síndrome de Down reaccionan de otro modo. De acuerdo con su experiencia, a la casa no le falta nada. Entonces reformulo mi pregunte con referencia a su experiencia: "Tú vives en esta casa. Vuelves a casa. ¿Qué haces?"

El niño contesta, recorriendo con el dedo, simbólicamente, el camino a la casa: "Toco el timbre. Mi mamá abre la puerta." Le digo: "Yo pensé que dirías que acá falta una puerta". "No hay casas sin puertas."

El psicólogo le pide a Flora, una niña con síndrome de Down, durante el test de admisión a la escuela: "Repite conmigo: caballo". Flora contesta. "… come pasto". El sicólogo insiste en que la niña siga la instrucción exactamente, para poder llegar a una decisión objetiva. "Repite conmigo: caballo". Flora dice: "Papá, quiero irme".

El padre trata de explicarle al sicólogo que Flora ha demostrado con su respuesta haber entendido lo que él dijo. El sicólogo actúa como lo pide su cargo y anota que la tarea no fue satisfactoriamente cumplida.

Para satisfacer las necesidades de los niños con o sin síndrome de Down es necesario que los padres, educadores, maestros, psicólogos y profesores aprendan de los niños.